Bernhard Jendorff · Fachpraktikum Religion

Bernhard Jendorff

Fachpraktikum Religion

Ein Leitfaden gegen den Praxisschock

Kösel · Calwer

ISBN 3-466-36400-0 (Kösel)
ISBN 3-7668-3268-9 (Calwer)

© 1994 by Kösel-Verlag GmbH & Co., München,
und Calwer Verlag, Stuttgart
Printed in Germany. Alle Rechte vorbehalten
Druck und Bindung: Kösel, Kempten
Umschlag: Kaselow Design, München
1 2 3 4 5 6 · 99 98 97 96 95 94

*Gedruckt auf umweltfreundlich hergestelltem Werkdruckpapier
(säurefrei und chlorfrei gebleicht)*

Inhalt

Vorwort 9

1. Wer bin ich? 15

»Von welcher Qualität bin ich?« – »Wer habe ich begonnen zu
werden?« *17* – Eine Frau/ein Mann unterrichtet Religion *18* –
Das Elternhaus steht vor dem langen Schatten des einst alles
bestimmenden Kirchturms *19* – Peer-groups vermitteln Werte
und Normen *21* – Die Gottes Dienst feiernde Kirchengemeinde
und die Jugend leben sich gegenseitig auseinander *23* – Der
schulische Religionsunterricht prägt das Studium vor *26* – Das
Theologiestudium führt nicht unmittelbar in die Werkstatt »Religionsunterricht« *27*

2. Was will und kann das Fachpraktikum Religion
leisten? 31

Die Erlasse, Ordnungen und Hinweise zum Fachpraktikum sind
erst nach genauer Lektüre abzuheften *31* – Das Fachpraktikum
will Erfahrungen vermitteln *33* – Der Praktikant wird hineingenommen in die Hingeh-Struktur einer sich zum Menschen bekehrenden Theologie *34* – Das Fachpraktikum regt an, das Arbeitsfeld »Religionsunterricht« zu durchleuchten *35* – Das
Fachpraktikum Religion kostet Zeit und setzt Frage- und Veränderungsbereitschaft voraus *36* – Kreationen – keine Imitationen
– sind gefragt *38* – Das Fachpraktikum ist ein Training des
Ernstfalls ohne weitreichende Konsequenzen *39* – Das Fachpraktikum kann zum Ernstfall mit Folgen werden *40*

3. Lehrplan: Pflicht oder Kür? 41

Pflicht: Kritische Lektüre des Lehrplans *41* – Das Fundament:
Religionsunterricht nach dem Synodenbeschluß *42* – Im Mittel-
punkt: der Mensch *44* – Der Fortschritt: neue Korrelationen *45*
– Kür: kreatives Bearbeiten des Lehrplans *48* – Lehrplan: ein
Stabilisationsfaktor *50* – Lehrplanarbeit: Pflicht – Kür *53*

4. Wen werde ich unterrichten? 55

Das »Bild der Klasse« ist nicht mehr und nicht weniger als eine
notwendige, korrekturbedürftige Momentaufnahme junger Menschen *55* – Der Religionsunterricht läßt sich bewußt und gezielt
auf die Situation der Schüler ein *64*

5. Vor dem Fachpraktikum 73

Jedes Praktikum hat seine je eigenen Chancen, die es zu erkunden
gilt *74* – Hospitationen vor dem Fachpraktikum erleichtern den
Bau der Unterrichtseinheit *74* – Der Erwartungshorizont des
Studenten beeinflußt den Erfolg des Fachpraktikums mit *82*

6. Der Stoff, aus dem Religionsunterricht entsteht 85

Im Thema des Fachpraktikums Religion kommt »die Sache« des
jungen Lehrers ebenso wie die seiner Schüler zur Sprache *85* –
Ohne Sacharbeitung »läuft« das Binnencurriculum nicht *88* –
Die fachdidaktische Vorbereitung setzt beim Lehrplan ein *91*

7. Wie und womit unterrichte ich? 99

Das Pro-Schüler-Unternehmen »Religionsunterricht« orientiert
sich an der Pädagogik Gottes, der Menschen befreit, ganz bejaht

und sich mit ihnen solidarisiert *100* – Das Subsidiaritätsprinzip bestimmt den Lehr- und Lernweg *102* – Binnendifferenzierung im Religionsunterricht fordert die Selbständigkeit und Selbsttätigkeit der Schüler heraus *106*

8. Wie baut sich der große Bogen der Unterrichtseinheit auf? 111

Ein Phasenmodell ist eine Orientierungshilfe, um folgerichtig von einer konkreten Ausgangslage zum Ziel der Unterrichtseinheit zu gelangen *111* – Ein Aufzeichnungsschema des Religionsunterrichts ist kein Raketen-Countdown *117*

9. Während des Fachpraktikums Religion 123

Die Hauptaufgabe im Fachpraktikum Religion: unterrichten – reflektieren – verändern *124* – Im Fachpraktikum wird eine weitgefächerte Wirklichkeit des Schulalltags wahrgenommen *131* – Praktikumsbegleitende Veranstaltungen in der Universität sind keine Arbeitsbeschaffungsmaßnahmen *133* – Die Ordnung der Praktikumsmappe erleichtert ihren späteren Gebrauch *133*

10. ... und was nun, nach dem Fachpraktikum Religion? . . 137

Versuchen Sie's doch mal spielend *138*

11. Anmerkungen 143

12. Bücher, die für das Fachpraktikum Religion »guttun« . . 153

13. Stichwortregister 155

14. Bildnachweis 157

Vorwort

Liebe Leserin, lieber Leser!

Alle Theorie ist grau!

Alle Praxis ohne Theorie ist grausam
für Schüler und Lehrer!

Wie gut, daß die Empfehlungen der Bildungskommission (1970) nicht nur auf dem Papier stehenblieben! Beobachtungen und Analysen von Unterricht sowie eigene Unterrichtsversuche angehender Lehrer gehören heute zum Ausbildungsstandard der einzelnen Bundesländer. So garniert auch nicht mehr nur das Fachpraktikum Religion das Theologiestudium der Religionslehrer und -lehrerinnen in spe. Im Fachpraktikum können die Studentinnen und Studenten »Lebendiges Lernen« (R.C. Cohn) lernen. In den für sie ungewohnten Konstellationen der jeweiligen Lerngruppe, des Ortes und der Zeit erfahren sie, wie wichtig es ist, sich selbst, die lernenden und auch lehrenden jungen Mitarbeiter, die Schüler, und die theologische »Sache« ernst zu nehmen und gemeinsam auf ein Ziel hin zu gehen, zu arbeiten.

Eine universitäre Religionslehrer-Ausbildung, in der engagiert und systematisch schulpraktische Studien betrieben werden, legt der heranwachsenden Lehrergeneration ein gutes Fundament, damit ihr kommender Religionsunterricht gelingt. Die Fachdidaktiker eines theologischen Fachbereichs oder einer Fakultät bemühen sich, Brücken zu bauen zwischen universitären Hörsälen und alltäglichen Religionsunterrichts-Räumen in der Schule. Sie arbeiten die von vielen Praktikern bemängelte zu geringe Praxisorientierung in der ersten Ausbildungsphase ab. Sie verstehen sich als Vermittler zwischen Unterrichtstheorie und -praxis. Einerseits geben sie unterrichtstheoretische Erkenntnisse in die tägliche Praxis des Religionsunterrichts, damit sie nicht strukturlos, für Schüler und Lehrer undurchsichtig, kurzum theorielos wird, andererseits vermitteln Fachdidaktiker unterrichtspraktische Probleme an die in der Universität betriebene Theorie, damit sich über sie kein lebensfremder, steriler Grauschleier legt.

Liebe Leserin!
Allein raumsparende Gründe veranlassen mich, im folgenden ausschließlich das genus masculinum zu gebrauchen. Ich bitte um

Nachsicht, daß ich meinen Geschlechtsgenossen nicht zumute, sich in der weiblichen Form stets mitgemeint zu fühlen, so wie es seit Mütter-Zeiten vom weiblichen Geschlecht stillschweigend erwartet wird. Wenn ich mir aber das Schriftbild Seite 40 ansehe, so meine ich, der Text sei besser lesbar, wenn ich z.B. »Praktikant«, »Religionslehrer« oder »Student« – jeweils als Gattungsbegriff verwendet – schreibe.

Das Fachpraktikum Religion ist ein wechselseitiger Dialog zwischen religionspädagogischer Theorie und Praxis. In der Zeit des Blockpraktikums – und davon ist im folgenden immer die Rede – führen Hochschullehrer, die das Praktikum betreuen, und Studenten ein wechselseitiges Gespräch über die Optimierung religiöser Lehr- und Lernprozesse in der Schule. Praktikanten zerbrechen sich mit ihren Mentorinnen und Mentoren die Köpfe, wie eine Unterrichtseinheit zu planen, durchzuführen, kritisch zu reflektieren und – last but not least – umzubauen ist. Religionslehrer-Studenten lernen, konkrete Unterrichtsprobleme dialogisch-argumentativ miteinander zu lösen. Zu diesem spannenden Dialog gibt das vorliegende Buch praxisorientierte Informationen. Vorschläge – auch erprobte und bewährte – sind keine Diktate. »Anfragen zur Selbstreflexion« – Aufgaben »Zum Weiterdenken« – »Suchhinweise« … wollen die eigenständige Position des Praktikanten herausfordern, für die er dann auch geradezustehen hat. Diese Passagen enthalten nicht nur weitere Informationen; sie bringen dem Praktikanten auch die notwendige Konkretion für sein – und nur für sein – Praktikum.

Das Gespräch über das Fachpraktikum in Religion gelingt, wenn alle Beteiligten hören und reden, lehren und lernen. Offenheit und Vertrauen sind wohl die Grundvoraussetzungen und -tugenden, die für die Expedition in den Schulalltag notwendig sind. Vielleicht ist es deshalb angebracht, an den Anfang des langen Weges ins Praktikum eine Blockveranstaltung außerhalb der Universität zu setzen. Zumindest sollte der Theologen-Stammtisch nicht ausfallen.

Das vorliegende Buch entstand aus der Praxis, wie sie im Institut für Katholische Theologie der Justus-Liebig-Universität in Gießen nach anregendem Gedanken- und Erfahrungsaustausch mit den evangelischen Kollegen gepflegt wird. Den ost- oder west-, süd- oder norddeutschen Studenten wird es wohl leichtfallen, den zwischen den Zeilen durchblitzenden oberhessischen Charme – wenn es einen solchen überhaupt gibt – des Fachpraktikums Religion durch ihre orts- und persönlichkeitsbedingten Charismen – und dazu zähle ich auch die Konfessionszugehörigkeit – zu ersetzen.

Das Buch ist – wie für alle leicht erkennbar – vom Standort eines katholischen Religionspädagogen aus geschrieben. Ich sehe keine Differenzen zu den Aufgaben eines evangelischen Religionslehrer-Studenten vor, während und nach dem Fachpraktikum Religion. Wer konfessionelle Zäune (wieder) aufrichtet, verbraucht Kräfte, die für die gemeinsame »Sache« weitaus gewinnbringender einzusetzen sind. Nur gemeinsam werden evangelische und katholische Christen, die das Charisma des Lehrens haben und evangelische Katholizität und katholische Evangelizität leben, der »Wohnungsnot Gottes« (E. Haeckel) in unserer Gesellschaft Abhilfe leisten können.

Im Praktikum ist kein Hochschullehrer Alleinunterhalter. So danke ich den ehemaligen und derzeitigen MitarbeiterInnen in der Gießener religionspädagogischen Werkstatt – vor allem Frau E. Abel, Herrn K. König und Herrn H. Leukert – für ihre Kritik an dem vorliegenden Konzept und für ihre Bereitschaft, angehenden Religionslehrern den Weg in die Schule durch Hospitationsveranstaltungen und Betreuung der Praktika zu ebnen. – Zu einem religionspädagogischen Streitgespräch gehören selbstverständlich auch Studentinnen und Studenten. Sie haben durch die offene Artikulation ihres Leidensdrucks in der Vorbereitungsphase bis in die nachbereitende Veranstaltung des anspruchsvollen Fachpraktikums hinein bei mir Denkprozesse ausgelöst, wie das Konzept des Praktikums studentenorientierter gestaltet werden könnte, ohne dabei das Niveau zu senken. – Mein Dank gilt auch den Mentorinnen und Mentoren, die – im ursprünglichen Sinn des Wortes – sympathisch waren und die Studenten auf ihrem Weg bestärkten und korrigierten. – Die Publikationen eines Hochschullehrers sind so gut wie die Sekretärin, die das von ihm Erdachte von ihrem Ohr in die

Hand, durch den Computer zum Drucker bringt. Ich danke Frau B. Wagner für die sorgfältige Herstellung der Druckvorlage.

Im folgenden Text gebrauche ich für Religionsunterricht die Abkürzung RU; die bekannten religionspädagogischen Zeitschriften werden abgekürzt zitiert:

CPB	=	Christlich-pädagogische Blätter
KatBl	=	Katechetische Blätter
rhs	=	Religionsunterricht an höheren Schulen
RpB	=	Religionspädagogische Beiträge

Auch für meine Vorbereitung des Fachpraktikums Religion gilt der Satz aus den Elegien Solons: »Ich werde alt und lerne stets noch vieles hinzu« (Frg. 22,7). Deshalb bitte ich: Wenn Sie Anregungen zur Verbesserung des Praktikums haben, dann schreiben Sie mir: B. Jendorff, Sandfeld 18 c, 35396 Gießen.

Gießen, den 23.9.1993   *Bernhard Jendorff*

1. Wer bin ich?

Die Frage der Kapitelüberschrift stellt ein Religionspädagoge nicht dem Rateteam einer Quizveranstaltung. Es sollen keine typischen Mosaiksteine zu einem Standbild »Religionspädagoge« zusammengetragen werden.

Die Frage hat inchoativen Charakter. Sie will den Beginn eines Werdeprozesses ausdrükken. Religionspädagoge ist keiner, sondern wird einer bis zu seiner Pensionierung.

Wer ins Fachpraktikum Religion geht, macht vorab eine Bestandsaufnahme seiner Schüler: ein »Bild der Klasse« (S. 55 ff.), die er unterrichten wird, und eine Analyse der Schülerausgangssituation (S. 64 ff.) zum Thema der Unterrichtseinheit. Sie erleichtert es dem Praktikanten, einen angemessenen »pädagogischen Bezug«[1] zu seinen Schülern zu finden.

RU vollzieht sich nicht lehrerunabhängig. Der Religionsleh-

rer ist nicht auf Distanz zu seinen Schülern, die etwas lernen sollen. Nein, der Religionspädagoge ist kein professioneller Lehr- oder Lerningenieur, der von außen Denkbewegungen junger Leute initiiert, moderiert und sie an einem Ziel qualifiziert. Er geht als handelnder Mensch, mit all seinen anthropologischen und sozio-kulturellen Bedingtheiten in das Kommunikations- und Interaktionsgewebe der Lerngruppe, die auch eine Lehrgruppe ist, ein. Der Religionspädagoge ist Lehrer, Dozierender, aber auch Hörender, ein lernender Schüler. Er versteht sich als Teil der Kirche, die (wieder) zu hören lernt und auch lehrt. Im RU lehren und lernen Persönlichkeiten mit unterschiedlichen Ausgangslagen gemeinsam: Die jungen und alten, weiblichen und männlichen Personen machten und machen je eigene Erfahrungen im Alltag, in der religiösen und in der christlichen Dimension der Wirklichkeit. Sie bringen spezifische Fähigkeiten und Fertigkeiten ein. Das Ziel ihres dialogisch-argumentativen Weges der Auseinandersetzung mit »Gott und der Welt« muß nicht dasselbe sein. In der symmetrischen Kommunikation der Lehr- und Lerngruppe sind die Schüler- und Lehrer-Persönlichkeiten gleichwertige Partner, wechselseitig gebende und nehmende.

Vorausgesetzt, wir hätten heute gute Rahmenrichtlinien, Lehrpläne für einen jungen Zeitgenossen angemessenen RU: das beste RU-Curriculum jedoch wird auch zukünftig der Religionslehrer sein, der mitmenschlich und fachlich kompetent die Aufgaben von Bildung und Erziehung der nachwachsenden Generation in der Schule anzupacken versuchte. Aus eigenen 13jährigen Schulerfahrungen weiß jeder: Ein Religionslehrer macht jungen Leuten vorrangig ein personales Angebot. »Wir wirken nicht zuerst durch das, was wir sagen. Wir wirken zu allererst durch das, was wir sind... Lernen von Christsein, das ist die These, erfolgt im wesentlichen durch das personale Angebot des Lehrers und Erziehers. Und Auseinander-

16

setzung mit dem Christsein der Christen kommt nur in Gang, wenn an ihr Menschen beteiligt sind, die sich in ihrem Bemühen um Christsein zu erkennen geben.«[2] In einem argumentativen, theologischen Unterricht in der Schule einer pluralistischen Gesellschaft muß die Heils-Wahrheit des sich bezeugenden Gottes auch durch glaubende Menschen bezeugt werden.»Das Glaubenszeugnis zeigt her, wie ich, wie wir von und mit dieser Wahrheit zu leben versuchen, was sie uns zu denken, zu hoffen, zu tun gibt, was sie uns zeigt, wie sie uns ermutigt, herausfordert, überführt, wie sie uns Licht ist über unserem Weg. Das Glaubenszeugnis will uns selbst und denen, mit denen wir leben, den Sinn unseres ›Ja‹ und den Grund für unser ›Ja‹ vergewissern.«[3]

- **»Von welcher Qualität bin ich?« – »Wer habe ich begonnen zu werden?«**

fragt sich der Religionslehrerstudent vor Beginn des Praktikums. Er will sich seiner Ausgangslage vergewissern, sich seiner Stärken und Schwächen bewußt werden, um sich besser auf die Lebenssituation der kommenden Schüler ein-, vielleicht auch umstellen zu können. Wer sich verändern will – und das sollten sich Mentoren und universitäre Praktikumsbeauftragte immer wieder bewußtmachen – braucht Zeit. Veränderungsrelevante Erfahrungen in Lernprozessen werden nicht im Kurzsprinttempo gemacht.

Es ist nicht beabsichtigt, im folgenden ein Vorbild»des Religionslehrers« – den es in der Realität ohnehin nicht gibt – zu zeichnen, das beim Praktikanten vor allem Leerstellen bewußtmacht. Es geht nicht um eine noch so geschickt verpackte Aufforderung zur Nachahmung eines Vorbildes oder Befolgung eines blutleeren Tugendkataloges. Die Spannung zwischen Ideal und Realität kann – gerade Berufsanfänger – auch lähmen. Resigniert wenden sie sich dann von ihrem Berufsziel»Religionspädagoge« ab.

Vielmehr sollen Konturen eines Modells – im Sinne von I. und D. Mieth:»Ein problematisches Vorbild, das zu denken gibt«[4] – angeboten werden. Es will Räume für persönliche Initiativen des Praktikanten auftun, das für ihn Richtige und Angemessene selbst zu finden. Anfragen wollen Denkbewegungen auslösen. Streitbar sollen Wegrichtungen, markierende Behauptungen unter die Lupe genommen werden.

• Eine Frau / ein Mann unterrichtet Religion

Sexualität bestimmt die ganze Existenz des Menschen. Sie prägt seine Relationen auch im RU. Die Sexualität vermittelt dem Religionslehrer/der Religionslehrerin eigenartige existentielle Erfahrungen in seiner/ihrer Selbstbestätigung und in der Bestätigung durch die Mitmenschen – so auch durch die Schüler/innen. Sexualität weist soziale Rollen zu. Diese können die personale Entwicklung fördern. – Gegen Rollenklischees jedoch wehren sich heutige Frauen/Männer – und das zu Recht. Jedoch, Gleichwertigkeit und Gleichberechtigung von Mann und Frau werden eher mit geschlechtsspezifischem Charme – auf theologisch: Charisma – als martialisch, verletzend herzustellen sein. Kämpferische Gleichmacher dürfen nicht die kleinen, feinen Unterschiede der Geschlechter, die differenzierten und differenzierenden Aromata des Erotischen und Sexuellen ausrotten wollen. – Ein männlicher/weiblicher »Teil«-Mensch, der seine Identität als zwanzig- bis fünfundzwanzigjährige/r Frau/Mann gefunden hat, macht sich im RU mit Schüler/innen auf den Weg, die Wirklichkeit religiös-christlich zu deuten. Eine männliche/weibliche Person, die das Leben in seinen vielfältigen Relationen bejaht und zu gestalten sich bemüht, disponiert junge Menschen, in der Welt zu handeln.

Anfragen zur Selbstreflexion:
➤ *Welche Aufgaben sieht der/die Student/in für seinen/ihren Ich-Findungs- und -Stärkungs-Prozeß noch vor sich?*
➤ *Welche Werte und Normen gelten für sie/ihn als sexuellen »Teil«-Menschen?*
➤ *Ist sich der/die Praktikant/in seiner/ihrer geschlechtsbedingten »Einäugigkeit« in dem Auseinandersetzungsprozeß des RU bewußt?*

Der/die sensible Student/in weiß, daß der andere »Teil«-Mensch eine andere – nämlich weibliche/männliche – Sichtweise und Lösungsmöglichkeit eines Problems hat. Das Mitbedenken und Respektieren des anderen, des geschlechtsspezifischen Sehens und Empfindens, Urteilens und Handelns wird Auswirkungen bis in die Unterrichtsorganisation hinein haben. Für den/die Religionspädagogen/in gilt es, das, was O. Fuchs prinzipiell von der Toleranz sagt, in der alltäglichen Praxis zu konkretisieren: »Toleranz ist eben jene Tugend, die nicht nur ›hinnimmt‹, daß andere andere Überzeugungen und Handlungsentwürfe haben als man selbst, sondern diese anderen in ihrem Anderssein selbst verteidigt und schützt, auch wenn man dieses andere für irrig hält; denn nie werden Menschen sich anmaßen können, ihre eigene Meinung als total irrtumsfrei und die der anderen als total irrig zu deklarieren, denn dann würden sie die Kompetenz Gottes selbst beanspruchen«.[5]

Aufgabe zur Seh-Schulung:
Schreiben Sie doch einmal die andere – weibliche/männliche – Sichtweise ihres kommenden Unterrichtsthemas – z.B. Älterwerden – auf! Altern aus männlicher/weiblicher Perspektive zeigt interessante, geschlechtsspezifische Züge. Diese dürfen im RU der Sekundarstufe I nicht eingeebnet werden.

- **Das Elternhaus steht vor dem langen Schatten des einst alles bestimmenden Kirchturms**

Der Kirchturm steht noch im Dorf. Die Menschen siedeln aus. Christentum lebt nur noch in der Kirche weiter; in der Gesellschaft ist es langsam, aber sicher »out«. Die Kirchenbindung der Christen und ihre Teilnahme am religiösen Leben verringern sich. Die zentrale Veranstaltung des Volkes Gottes – die Eucharistiefeier – ist weiblich dominiert; atypisch seine Bildungs- und Berufsstruktur. In der Skyline der Schlafsilos und/oder der postmodernen Geldpaläste und Versicherungstempel läßt sich der Turm einer Hauskirche selten ausmachen. In den Häusern verdunsten christlicher Glaube

19

und Religion. Sie geben keine Antwort, stellen aber auch keine Fragen mehr. Eine Hoffnungsquelle versiegt. Selbst angesichts des Todes bleibt ein religiöses Gespräch stumm. Die Familienangehörigen kennen voneinander nicht die religiösen Überzeugungen. Wen trägt noch der christliche Glaube?: »Privatsache. Kein Kommentar!« Religion ist individualisiert. In den Elternhäusern wird nicht mehr der zaghafteste Versuch einer realen Überwindung der radikalen Endlichkeit unternommen. Der moderne Mensch weiß gemeinhin nichts mehr mit »Transzendenz« anzufangen. »Er sucht sich sein Heil radikal im diesseitigen Glück.«[6] Indifferentismus – ein blendendes Gemisch aus Egoismus, Materialismus, Konsumismus – beherrscht den familialen »Stallgeruch«.

So kann holzschnittartig das Bild des gesellschaftlichen Umfelds des Praktikanten gezeichnet werden. Auch ihn prägte es nachhaltig. In nachchristlicher Zeit, in einer Collage-Gesellschaft sind die Schüler, die den RU besuchen, weitgehend religiös-christlich erinnerungslos und erfahrungsunfähig.

Zur Konkretisierung und Präzisierung:

➤ *Beschreiben Sie bitte Ihr Elternhaus und sein religiös-christliches Umfeld!*
Die folgenden Fragen mögen die Erstellung des Bildes Ihres Elternhauses erleichtern:
Wie wird in Ihrer Familie über Religion und Glaube gesprochen? Wenn Sie in der Familie die Sprache des bürgerlichen Mittelstandes sprechen, müssen Sie möglicherweise für die Arbeit im RU – z.B. mit Hauptschülern – eine neue Sprache erlernen.

Welche Variation des Mensch- und Christ-Werdens, der Deu-
tung des Lebens und der Welt durch Eltern, Geschwister und
Großeltern erleben und beeinflussen Sie nachhaltig?
Prägen Sie religiös-christliche Alltagserfahrungen, z.B. in der
Gestaltung der Familienfeste, Gedenktage, Feiern anläßlich
des ersten Empfangs eines Sakraments...?
Die Zahl konfessionsverschiedener Ehen, aus denen auch Re-
ligionslehrer kommen, wächst stetig. Möglicherweise leben Sie
zu Hause die Vision einer »Einheit in versöhnter Verschieden-
heit«, die Ihre Einstellung zum konfessionellen RU mitbe-
stimmt. Woran können Sie in Ihrer Familie Toleranz gegenüber
anderen Wegen des Christentums und religiösen Positionen
ablesen?
Die Heimat als raum-zeitliche, soziale, kulturelle, religiös-
kirchliche Größe prägt junge Menschen. Sie ist mit entschei-
dend für die Artikulations-, Kommunikations- und Interak-
tionsfähigkeit eines Religionslehrerstudenten. Welche positi-
ven Elemente können Sie aufgrund Ihres Herkommens – z.B.
aus einem Dorf, einer Arbeiter-Bauern-Mischgemeinde, in der
gleich viele evangelische und katholische Christen wohnen –
in Ihren RU während des Praktikums einbringen? Welche
Horizonterweiterungen – nicht nur in der Theologie – wün-
schen Sie sich?
➤ *Durch die Untersuchung von H. Barz zieht sich wie ein roter*
Faden die Tatsache, daß sich die junge Generation am eigenen
Ich als letztem Sinnhorizont orientiert.[7] Können Sie bei sich
selbst diese Form des Narzißmus verifizieren oder falsifizie-
ren? Wo entdecken Sie Anknüpfungspunkte für Ihre kommende
Arbeit mit narzißtischen Jugendlichen?

● **Peer-groups vermitteln Werte und Normen**

Die Gruppen gleichaltriger Jungen und Mädchen bedeuten vor allem
Sekundarstufen-I-Schülern sehr viel. Die relativ homogenen Cliquen werden zusammengeschweißt durch »gemeinsame Sachen«:

21

vom orgiastischen Musikerlebnis in der Freizeit, über Sport und Spiel, die Vergötterung einer Person oder einer Gruppe des öffentlichen Lebens, durch lustvermittelndes Gammeln... bis hin zur Randale, durch die Stärke demonstriert werden soll. In den Peer-groups, »in denen man unter seinesgleichen ist, in denen man sich nicht dauernd erklären muß, in denen man nicht damit rechnen muß, daß einem irgendwelche Anweisungen erteilt werden können, in denen man eben so genommen wird, wie man ist (oder zu sein meint), und vor allem ›für voll genommen« wird‹[8], hält man zusammen. Die jungen Leute gehen füreinander durch dick und dünn. Sie lieben einander. In einem nur ihnen eigenen Jargon quatschen sie »echt« über dieses und jenes, nehmen ungeschminkt Stellung zu ..., empören sich und reden gegen.... Jugendliche bauen sich in ihrer Clique eine eigene Lebenswelt auf. Sie entwickeln die Normen des Elternhauses weiter, stellen sie in Frage oder experimentieren ein »ganz neues« Wert- und Normgefüge – z.B. in Sachen Sex –, das sie für den Rest ihres Lebens nachhaltig bestimmt. »Ganz irre« Lebensformen sind »in«.

»So übernehmen diese Gruppen eine Sozialisationsfunktion, die das Elternhaus nicht mehr oder nicht mehr allein leisten kann.«[9]

Die intensiven sozialen Kontakte zwischen seinesgleichen und die damit einhergehenden wenig ausgeprägten Beziehungen zu Menschen unterschiedlicher Altersgruppen sind eine »schlechte Vorbereitung für die Organisationsgesellschaft«[10]: Die Jugendlichen müssen beim Eintritt in die Berufswelt auf einmal mit (älteren) Leuten auskommen, die sie sich nicht ausgesucht haben. Die »Peers« lernten in ihrer geschlossenen Gesellschaft nicht, sich mit der Andersartigkeit eines anderen zu arrangieren. Toleriert wurde nur »einer von uns«.

Zum Weiterdenken:

Peer-groups haben auch den Praktikanten mit vorgeprägt und ihm Ein-stellungen vermittelt.

➤ *Welche Chance sehen Sie für Ihre Religionspädagogik, die den Erziehungsfaktor »Peer-group« ernst nimmt?*

➤ *Wenn Sie im kommenden Praktikum das Thema – beispielsweise Altern – erarbeiten wollen, erinnern Sie sich doch einmal,*

welche Vor-einstellungen Sie in Ihrer Clique gegenüber Alten
hatten, wie über sie geredet wurde, wie die Gruppe mit alten
Menschen kommunizierte!

Die Kirchengemeinden haben noch nicht – Ausnahmefälle bestätigen nur die Regel – die »freie Jugendarbeit« – eine Form des Dienstes der Kirche an der Jugend – entdeckt. Haben sie vorrangig den Dienst an der Jugend der Kirche im Auge?[11] Wie viele Räume und Zeit, Sachangebote und personale Angebote »für alle Fälle« können die Gemeinden den Cliquen jugendlicher Mitmenschen zur Verfügung stellen, damit sie ihr Leben experimentieren lernen?

- **Die Gottes Dienst feiernde Kirchengemeinde und die Jugend leben sich gegenseitig auseinander**

Die Emnid-Umfrage (1992) im Auftrag des Wochenmagazins »Der Spiegel« belegt nachhaltig, daß im Westen Deutschlands die Altersgruppe der Religionslehrerstudenten – die 18- bis 24jährigen – in sehr großer Distanz zur Gottesdienst feiernden Gemeinde steht[12]:

Wie halten Sie es mit dem Kirchgang? Gehen Sie:

jeden oder fast jeden Sonntag	2%
mehrmals bis mindestens einmal im Monat:	5%
nur an bestimmten kirchlichen Feiertagen:	27%
bei Familienfeiern:	42%
nie zur Kirche:	23%
keine Angaben:	1%

Die Befragung von Studienanfängern (1982-89) im Fach »Katholische Theologie« an der Justus-Liebig-Universität in Gießen[13] ergab, daß die Erstsemester in der Feier der Eucharistie am ersten Tag der Woche noch nicht einen exzellenten Wert sehen.

Wo liegen die Unzulänglichkeiten und Mängel heutiger Gottesdienstgestaltung?:

In den Sonntagsgottesdiensten wird eine Binnensprache gesprochen. Die Form und der Inhalt der meisten Predigten entsprechen nicht jugendlichen Lebenserfahrungen und -gefühlen. Sind die Gebetstexte immer »echt«? Auch eine gewisse Flucht in ein lebloses Ritual, in einen Rubrizismus baut Barrieren auf. Vor allem aber das Unverständnis der jungen Leute für die Symbole, Zeichen und Gesten in der Eucharistiefeier behindern eine aktive Teilnahme. – Wird die kommende Religionslehrergeneration in den Gemeinden Anwältin der Heranwachsenden für eine menschenfreundliche Liturgie sein?

In der Passage über den Religionslehrer formulierte die Würzburger Synode richtungsweisend: »Für den Religionslehrer sind … Religiosität und Glaube nicht nur ein Gegenstand, sondern auch ein Standort«.[14]

Fundament dieses Standortes ist die Eucharistiefeier. Sie ist Lebensmitte der versammelten Gemeinschaft der an Jesus, den Christus, Glaubenden und das Apostolicum Bekennenden. Die Feier der Eucharistie ist der Höhepunkt der kirchlichen Gemeinde. Gleichgesinnte Schwestern und Brüder in Christo feiern das Gemeinschaftsmahl. Sie begegnen ihrem Herrn in der Kommunion. Die Eucharistie nimmt die Feiernden in das gesamte Heilswerk des dreifaltigen Gottes hinein – von der Schöpfung über die Erlösung bis zur Vollendung im eschatologischen Freudenmahl. »Die Eucharistie ist der höchste und intensivste Vollzug dessen, was Kirche ist: Communio der Gläubigen mit Gott in Jesus Christus durch den Heiligen Geist und dadurch auch Communio der Gläubigen untereinander«.[15]

Für den Religionspädagogen steht »Kirchengemeinschaft« nicht nur auf dem Papier. Er lebt und belebt die Bindung an das Volk Gottes. Wie könnte denn auch ohne das Zeugnis aktueller Glaubenserfahrungen des Lehrers in seiner Gemeinde das den RU tragende Glaubensdokument aus seinem toten Buchstabendasein zu gestaltendem Leben befreit werden? »Dokumentation von Glauben und damit Bekenntnis des Glaubens wird es erst, wenn ein Glaubender es als Ausdruck seiner Glaubenserfahrung präsentiert. Erst dann kann es auch das religiöse Fragen des Religionsunterrichts auslösen.«[16]

Die Bindung an den Blutkreislauf der Kirche ist für einen Religionspädagogen lebens- und berufserhaltend. Er ist deshalb geradezu genötigt, sich eine Gemeinde zu suchen, »die ihm zum Mutterboden für ein befreiteres menschliches Leben«[17] wird. In seiner Wahlgemeinde wird der Religionslehrer – so ist zu hoffen – erfahren, »daß das Christentum nicht so sehr eine Institution ist als vielmehr eine Expedition, mehr eine Bewegung als eine Einrichtung, eine Bewegung, die der Hoffnungslosigkeit und der unheimlichen Macht des Bösen den Kampf angesagt hat«.[18]

Suchhinweis:
Haben Sie sich schon einmal zu der glaubenden, feiernden, diakonischen und missionarischen Gemeinschaft der Lernenden und Lehrenden an Ihrem Hochschulort, zur Hochschulgemeinde[19], auf den Weg gemacht?

Diese offene Personalgemeinde an der Hochschule bietet eher als eine Territorialgemeinde die Chance, altersspezifisch, existenz- und berufsbezogen, geerdet Christ-Werden zu wagen. In einer Hochschulgemeinde ist fast alles zugelassen: Junge Leute wollen in der Kirche nicht länger »von oben« als Objekte behandelt werden. Die Studenten verstehen sich als mündige Bürger und Christen. Sie lösen sich zu Recht vom herkömmlichen Betreuungsschema einer (territorialen) Kirchengemeinde. Die Subjekte der Gemeinde haben »echt« Anteil an den Entscheidungen. Ohne Kommunikation und Streitkultur aber ist Partizipation nicht möglich. Die Rolle des Hochschulpfarrers ändert sich. Er kann und darf sich nicht mehr als pastorale Mehrzweckwaffe verstehen. Seine Kompetenz ist angefragt, nicht aber der Kritik entzogen. Er ist wie jedes andere Gemeindemitglied Mitarbeiter beim Aufbau der Gemeinde, nicht mehr ihr Chefpolier.
Die positiven Erfahrungen in einer Gottes Dienst an seinem Volk feiernden Gemeinschaft des Lebens, die Mut macht, den gewiß nicht problemlosen Weg zur angebrochenen Basileia tou theou – zum Reich Gottes, zur Heilsherrschaft Gottes, zum Himmelreich – in einer nachchristlichen Welt zu gehen, wird auch das Verhältnis zur sog. »Amtskirche« beeinflussen. Aus einem weder guten noch distanzierten Verhältnis könnte ein kritisch-loyales, modern-pro-

gressives werden. Ein Nicht-Verhältnis des Religionspädagogen zu den Brüdern im Amt ist für ihn und seine Schüler schädlich. Es schadet dem Ansehen des Faches Religion und der Kirche, die »von innen« immer wieder zu reformieren sind.

● **Der schulische Religionsunterricht prägt das Studium vor**

Persönliche Interessen an den Fragen der Theologie, Vertiefung des Wissens in diesem Fach, Selbstklärung oder vermeintlich günstige Einstellungschancen mit dem Fach Religion, vor allem aber die selbst erlebten ca. 1000 Stunden RU von der ersten bis zur dreizehnten Klasse veranlassen nicht wenige junge Leute, »Religion für die Schule« zu studieren. Das spricht für das Schulfach. Aber, welcher RU steht den Studenten vor Augen? War es ein weder beliebter noch sonderlich unbeliebter Unterricht, an dem man mit »wohliger Indifferenz« teilnahm? Die Schülerbefragung des Instituts für Demoskopie Allensbach (1988) erbrachte: »Die Einschätzung des Religionsunterrichts wird vor allem von der Vorstellung eines Faches ohne Anforderungen bestimmt. In der detaillierten Beurteilung des Religionsunterrichts dominieren unter den Schülern die Ansichten,
– es werde viel diskutiert,
– man brauche für das Fach kaum zu lernen,
– man könne im Religionsunterricht abschalten,
– es sei leichter als in anderen Fächern, eine gute Note zu bekommen,
– man könne die Unterrichtsthemen stärker mitbestimmen als in anderen Fächern und
– es herrsche weniger Disziplin als in anderen Fächern«.[20]
Den Religionslehrern war das Niveau ihres Faches schon vor diesem Schülerurteil bekannt. G. Stachel – Projektleiter der »Mainzer Dokumentation von Religionsunterricht« – konstatierte bereits 1982: »RU ist … häufig eher ein Gerede über dieses und jenes, als ein auf Lernfortschritt abzielender Vorgang. Wenn offen und freundlich geredet wird, erreicht man mindestens, daß beim Schüler emotionale Barrieren niedergelegt werden. Das kognitive Lernpro-

dukt ist allerdings bei den meisten in der Mainzer Dokumentation erfaßten Stunden fast null: kein Zuwachs an Wissen und Verstehen«.[21]
Schüler, die das Studium der Theologie aufnehmen, bringen in der Regel keine günstigen Voraussetzungen an die Universität mit. Die in den Schulen erteilten guten Punkte und Noten blenden oft, haben kein fundamentum in re.

Zur kritischen Selbstanalyse:
Erstellen Sie einmal eine Gewinn- und Verlust-Liste Ihres eigenen RU! Welche unter »Gewinn« verbuchten Tatsachen können/wollen Sie begründet – nicht unbedacht reproduzierend, sondern sie modifizierend – in Ihr Praktikum einbeziehen?

- **Das Theologiestudium führt nicht unmittelbar in die Werkstatt »Religionsunterricht«**

Das Ziel, das Fachpraktikum in Religion gut zu bewältigen, steht ungefähr in der Mitte des Weges eines Studenten, der seinen Schülern ein kompetenter theologischer Fachmann für Fragen des Mensch-Werdens sein will. Jedoch, sein Weg dahin ist schwierig. Er hat intellektuelle Hürden zu meistern, um eine eigenständige Position zu finden. Das ist manchmal bei den unverbunden nebeneinander stehenden Vorlesungs- und Seminarthemen gar nicht so einfach. Ein möglichst großer Fundus an Wissen ist von dem Religionslehrerstudenten zu erarbeiten, um für den RU theologische Inhalte auszuwählen, sie in ihrem – auch humanwissenschaftlichen – Zusammenhang reflektieren, strukturieren und mit den Lebenssituationen der Schüler, den Grunderfahrungen und -bedürfnissen junger Leute korrelieren zu können. Ein Pädagoge, der kein persönliches Konzept in den RU mitbringt, wird sehr leicht von den pädagogischen und den theologischen Modewellen hinweggespült.
Der Student wird in den theologischen Teildisziplinen von Profis unterrichtet, die aber in sehr vielen Fällen hochschuldidaktisch

dilettieren, wenn sie ihren Hörern das Elementare, Fundamentale und Exemplarische ihres Faches auf den Punkt gebracht zu vermitteln versuchen. Hat der Student den Mut, seine Hochschullehrer darauf hinzuweisen, daß die »Anthropologische Wende der Theologie« auch in den Lehrveranstaltungen zu vollziehen ist; daß in ihnen der Erfahrungsbereich der Hörer und deren zukünftiges Berufsfeld nicht ausgeklammert werden dürfen? Lernwillige Lehrer werden zuhören, herabsteigen und dann dank kritischer Kommilitonen geerdet dozieren.

Eine (Pro-)Seminararbeit, die ein theologisches Detailproblem behandelt, kann nicht in RU umgebaut werden. Die für den unterrichtlichen Prozeß unabdingbaren individual-, gesellschafts- und christentumsgeschichtlichen Verstehensvoraussetzungen der Schüler bleiben völlig außen vor. Gleiches gilt für eine Vorlesung. Die Literaturliste gibt vielleicht Hinweise, in welche größeren theologischen Richtungen das Unterrichtsthema zu bedenken ist.

Ein Bub lernt das Fußballspielen nur auf dem Bolzplatz. Aus dem alltäglichen Herumgekicke kann sich Virtuosität am Ball entwickeln. – Religion unterrichten lernt ein angehender Lehrer nur vor einer Schulklasse. Langsam wird sich das Gespür für seine fachwissenschaftlichen und -didaktischen Stärken, für das Mögliche und Unmögliche auf den Lehr- und Lernwegen einstellen. Geduld ist die erste Praktikantenpflicht!

Die Religionspädagogik bemüht sich, den fehlenden Praxisbezug in der universitären Ausbildung zu verringern. Sie leistet Brückenbauarbeiten zwischen religionspädagogischer Theorie und Praxis, damit nicht Theorie grau bleibt und Praxis grausam wird. Gezielte, kriterienorientierte Hospitationsveranstaltungen und erste Unterrichtsversuche – z.B. in Microteaching-Seminaren[22] oder auch vor »richtigen« Schülern –, in denen sich das Gehörte und Gelernte bewährt, relativiert oder in Frage gestellt wird, sind vor dem Praktikum in Religion unabdingbar (S. 74).

Hinweise für das Praktikum:

➤ *Listen Sie einmal auf und bewerten Sie mit Hilfe einer Ratingskala Ihre derzeitigen fachwissenschaftlichen, ausbaufähigen*

– großen – sehr großen Stärken. Auch so können Sie Hinweise für die Unterrichtsthematik im kommenden Praktikum erhalten.

➤ *In Hospitationsveranstaltungen sahen Sie Stärken und Schwächen des agierenden Religionslehrers. Schreiben Sie präzise, elementarisierend dessen Stärken auf, und checken Sie dann ab, ob Sie diese ebenso – nur bedingt – überhaupt nicht in Ihren RU übernehmen können.*

Der psychologisch sensible Rhetor und Katechet, Bischof und Theologe A. Augustinus plädierte für eine narrative Theologie. Er gab seinem Schüler, dem Diakon Deogratias, folgende Zielsetzung des ersten katechetischen Unterrichts vor, der eine möglichst vollständige historische Darstellung (lat.=narratio) der Heilsgeschichte von der Erschaffung des Himmels und der Erde bis zur kirchlichen Gegenwart ist: »Quidquid narras, ita narra, ut ille cui loqueris audiendo credat, credendo speret, sperando amet«.[23] (»Und gestalte die ganze historische Darstellung so, daß dein Zuhörer vom Hören zum Glauben, vom Glauben zur Hoffnung, von der Hoffnung zur Liebe gelangt.«[24]) Ist das eine Zielsetzung auch für einen RU in nachchristlicher Zeit, der sich als situativ, kontextuell, problemorientiert, erfahrungsbezogen, schülerorientiert, korrelativ charakterisieren läßt; für einen RU, in dem der Religionslehrer – ca. 1600 Jahre nach Niederschrift der Einführungskatechese für Nichtchristen durch Augustinus – wie sein damaliger Kollege Deogratias mit Ermüdungserscheinungen und Gefühlen des Überdrusses zu kämpfen hat und um ein tragfähiges religionsdidaktisches Konzept[25] ringt?

2. Was will und kann das Fachpraktikum Religion leisten?

In der Bundesrepublik Deutschland haben die Bundesländer die Kulturhoheit. Die Kultusministerien schreiben durch Erlaß vor, ob ein Religionslehrerstudent vor der Meldung zum Ersten Staatsexamen ein Blockpraktikum oder ein semesterbegleitendes Praktikum in Religion oder ähnliche Schulpraktische Studien erfolgreich absolviert haben muß. Nicht selten erschwert der Kulturföderalismus einen Wechsel an eine andere Universität. Jeder Student sollte sich vor einem – immer zu begrüßenden – Hochschulortswechsel beim Wissenschaftlichen Prüfungsamt für die Lehrämter oder beim Referat für Schulpraktische Studien kundig machen, ob sein Praktikum an der neuen Universität anerkannt wird.

- **Die Erlasse, Ordnungen und Hinweise zum Fachpraktikum sind erst nach genauer Lektüre abzuheften**

Den einzelnen Universitäten obliegt es, die Schulpraktika für die Lehramtsstudiengänge durch eine Rahmenordnung zu regeln. Hier erfährt der Student nicht nur etwas über die Pflichten und Rechte des Praktikanten oder die Organisation, sondern auch über die Zielsetzung der Schulpraktika. So heißt es z.b. in der »Schulpraktikumsordnung«, die an der Justus-Liebig-Universität Gießen z.Z. gültig ist:

»Die schulpraktischen Studien sollen dazu beitragen, zukünftige Lehrer zu wissenschaftlich begründetem und pädagogisch verantwortlichem unterrichtlichen Handeln zu befähigen. Hierzu ist es erforderlich, daß die Lehramtsstudenten durch intensiv betreute eigene Unterrichtsversuche Erfahrungen im Praxisfeld Schule gewinnen können.

Diese dienen in der ersten Ausbildungsphase sowohl der ansatzweisen Entwicklung unterrichtlicher und schulischer Teilkompetenzen als auch der Schaffung einer Grundlage für eine vertiefte theoretische Auseinandersetzung mit den erziehungswissenschaftlichen, fachdidaktischen und fachwissenschaftlichen Aspekten von Schule und Unterricht.

In den schulpraktischen Studien sollen die Studenten
- den Zusammenhang zwischen den Studieninhalten und ihrer Verwendung in den ihnen entsprechenden Berufsfeldern herstellen;
- unter wissenschaftlicher Anleitung Berufspraxis erkunden und diese zum Gegenstand der Reflexion machen.

Das bedingt eine enge Zusammenarbeit zwischen Hochschule und Schule mit dem Ziel einer Reflexion von Praxis und einer Überprüfung schulrelevanter Theorien aufgrund von Problemen, die sich in den berufspraktischen Tätigkeiten ergeben.

Deshalb sollen die Praktikanten
- die gegebene Arbeitssituation des Lehrers kennenlernen;
- anhand vorgefundener Probleme aus der Schulwirklichkeit pädagogische Kompetenzen ansatzweise entwickeln;
- wissenschaftlich begründete Handlungsvorstellungen in der Praxis erproben;
- sich ihre Beziehungen zu Schülern, zum Mentor, zum Kollegium sowie ihr Verhältnis zur Institution Schule bewußt machen;
- lernen, sich das eigene Verhalten in Unterricht und Schule bewußt zu machen und es zu kontrollieren;
- lernen, im Team mit anderen in der Schule zusammenzuarbeiten;
- auf der Grundlage der Praktikumserfahrungen ihre Studienmotivation und -orientierung überprüfen.«

Nicht wenige theologische Fachbereiche, die die Schulpraktischen Studien in die Curricula integrierten[1], geben ihren Studenten »Hinweise zum Fachpraktikum«, die die Rahmenordnung der Universität konkretisieren.

- **Das Fachpraktikum will Erfahrungen vermitteln**

Das Fachpraktikum ist ein Experiment des Religionslehrer-Studenten
- mit sich selbst – als männliche/weibliche, junge Persönlichkeit, die religiöse Lernprozesse initiieren, moderieren und zu einem Ziel führen lernen will;
- mit Schülern, die den RU weitgehend an sich vorbeirauschen lassen;
- u.a. mit Fachkollegen – engagierte Mentoren ausgenommen –, die den Dienst bereits innerlich gekündigt haben, weil sie den krankmachenden Weg in Richtung des Burnout- Syndroms[2] vom Idealismus beim Eintritt in den Schuldienst weiter zur Stagnation und Frustration bis hin zur Apathie und schlußendlich zum Ausgebrannt-Sein gegangen sind, und für sich nur schwer neue Lebensregeln[3] aufstellen und eine heilsame Lebensweise einhalten lernen;
- mit fachfremden Kollegen, die – dem Zeitgeist folgend – von der Kirche keine Antwort mehr auf ihre Woher-Wozu-Wohin- Fragen erwarten. Sie sehen den RU ekklesiologischen Zuschnitts in der Schule als ein Fossil an. Klar bringen sie zum Ausdruck: RU schade zwar nicht den Schülern, leiste aber auch keinen spezifischen Beitrag zum Ausbildungsziel der Leistungsschule. Am besten wäre es doch wohl, den RU aus der Schule herauszunehmen. Dann entfielen u.a. auch die leidigen Stundenplanprobleme.

Der Student bekommt in seinem Praktikum etwas von der Spannung zu spüren, die einerseits durch die Schüler – die Eltern, die das unbedeutende Nebenfach RU nicht fördern, – die Kollegen, die weniger auf der sachlichen als auf der zwischenmenschlichen Schiene für das Fach Religion anzusprechen sind, und andererseits durch die persönlichen tastenden Versuche des Christ-Werdens aufgebaut wird.

Anfänglich ist es für einen jungen Kollegen nicht so einfach, im Unterricht – nicht selten auch während der Pausen im Lehrerzimmer – eine dezidierte theologische Position zu vertreten und Nachdenk-Prozesse in »Sachen« Religion und Glaube auszulösen.

Der Student lernt, im Kreuzfeuer der Meinungen über innerbetriebliche Störfälle der Kirche eine Position zu beziehen, die von liebender Kritik und kritischer Liebe gegenüber dem Volk Gottes und dessen Hinfälligkeit geprägt ist.

- **Der Praktikant wird hineingenommen in die Hingeh-Struktur einer sich zum Menschen bekehrenden Theologie**

Durch das Hingehen zu den jungen Menschen draußen, vor dem Schatten des Kirchturms, nehmen Religionspädagogen die Bewegung des proexistenten Jesus, des Christus, auf. Diejenigen, die im Volk Gottes beheimatet sind, und die Menschen von »Draußen« entgettoisieren sich wechselseitig. Sie bauen Vorurteile gegeneinander ab. Wer den Exodus von drinnen und den Introitus nach »Draußen« wagt, der erlernt eine neue Sprache. In der Draußen-Sprache können Erwartungen und Verheißungen artikuliert werden, die durch eine Sakralsprache oder einen Konfessionsdialekt nicht mehr gehört werden. Religionspädagogen, die nach »Draußen« aufbrechen, werden in unvermutet neue Korrelationen zwischen jungen Menschen einer konkreten Um- und Mitwelt und der tradierten polyphonen Botschaft Gottes verstrickt. Draußen gestalten sich neue Antwort-Harmonien der alten Guten Nachricht vom gelingenden Leben. Für jeden Religionspädagogen ist das nach »Draußen«-Gehen Leben erhaltend. Wer dorthin geht, dessen Glaube wird unweigerlich heutig. Draußen kann der Religionspädagoge nur in Gespräche eintreten, wenn er Ausgrenzungen anderer Meinungen aufgegeben hat und sachlich, fair um Einsichten und Wahrheiten ringt.

● **Das Fachpraktikum regt an, das Arbeitsfeld »Religionsunterricht« zu durchleuchten**

Zur Analyse und Reflexion des Umfeldes des RU und seiner Lehr- und Lernprozesse ist eine gut fundierte religionspädagogische Theorie notwendig. Diese hörte der Student in den Vorlesungen. Sind die an der Universität vermittelten wissenschaftlichen Kriterien ein geeignetes Instrumentarium, das Berufsfeld des Praktikanten in seinen verschiedenen Dimensionen zu vermessen, die religiösen Lehr- und Lernprozesse zu durchschauen, sie zu analysieren und zu reflektieren? Im Praktikum werden religionspädagogische Theorie und Praxis unmittelbar konfrontiert: eine spannende, oft ernüchternde Realitätskontrolle einleuchtender Theorie durch den grauen Alltag!

RU ist nicht unabhängig von organisatorischen Rahmenbedingungen: Was bedeutet es z.B. für das Lehren und Lernen, wenn die Schüler zweimal wöchentlich als »wanderndes Gottesvolk« durch das Schulhaus ziehen oder im »Amphitheater«, dem Physiksaal, unterrichtet werden? – Wie unterrichtet der Religionslehrer nach einer störenden Lautsprecherdurchsage weiter?

Entscheidende Weichen des RU werden auch in Fach- und Gesamtkonferenzen einer Schule gestellt. Der Praktikant sollte es sich nicht entgehen lassen, an diesen Sitzungen teilzunehmen, auf die Kommunikationsfähigkeit und Argumentationsmuster zu achten und sich nicht über die religionspädagogische Kompetenz der Kollegen wundern. Es wird z.B. einsichtig, wie notwendig es ist, sich theologische und religionspädagogische Kriterien[4] erarbeitet zu haben, um ein Lehrbuch der Konferenz zu empfehlen.

Der Student erfährt, daß nicht nur die Lernprozesse der Schüler, sondern auch die Lehrprozesse dem Prinzip der Kontrollierbarkeit unterliegen. Diese werden aufgrund von Einsichten variiert, verändert und innoviert (S. 124). Es ist für den Praktikanten beispielsweise vor Ort zu erkennen – für den Unterrichtenden manchmal auch zu erleiden –, daß im RU Verzögerungen und/oder ungeplante Schnelligkeiten auftreten. Welche Weichen wurden für diese Lernsituation richtig oder falsch, zu spät oder zu früh gestellt? Auf »Fahrplanveränderungen« reagiert der Religionslehrer flexibel, um zu seinem Ziel zu kommen. Woran läßt sich erkennen, daß die Prinzipien Interdependenz und Variabilität den »RU für junge Menschen« bestimmen? Die notwendigen Korrekturen des Unterrichtsprozesses sind keine Negativa. Sie zeigen, daß der Pädagoge die jungen Menschen als sich verändernde, nicht als vorausplanbare Gesprächs- und Denkpartner beachtet und annimmt.

- **Das Fachpraktikum Religion kostet Zeit und setzt Frage- und Veränderungsbereitschaft voraus**

Die Hinwege ins Praktikum (S. 73), die Vorbereitung der Unterrichtsstunden, das Praktikum selbst und seine Auswertung sind zeitintensiv. Wer mit dem Praktikum befaßt ist, sollte sich genau überlegen, welche anderen »Scheine« er noch ohne Qualitätseinbußen machen kann. Da Zeit eine wertvolle Ressource – nicht nur im RU – ist, muß man gezielt damit umgehen. Timing ist erlernbar. Die Zeit für das Praktikum ist dann sinnvoll eingesetzt, wenn der Student sich öffnet für die Hilfen, die ihm der Praktikumsbeauftragte der Universität und der Mentor der Schule anbieten. Viele Mentoren und Universitätsdozenten investieren in die Nachwuchsförderung nicht wenig Zeit und Kraft – und das oft ohne Stundenentlastung oder finanzielles Äquivalent. Gezielt wollen sie beraten und die Berufsanfänger fördern. Emotionale, intellektuelle und zeitliche Offenheit des Studenten zeigt sich in seinem gezielten Hinterfragen. Es hilft ihm z.B., die religionspädagogische Konzeption und den Unterricht des Mentors zu durchschauen. Das Fachpraktikum ist eine Chance, religionspädagogische Fragen stellen und beantworten zu lernen. »Was heißt konkret in dieser Unterrichtseinheit ›Einstieg‹, ›Festigung‹

oder ›Korrelation‹? – Welche Konsequenzen hat in dieser Unterrichtseinheit die vorgesehene arbeitsteilige Gruppenarbeit?«

Je mehr ein Praktikant seine Wegbegleiter kritisch anfragt, um so mehr holt er für sich aus seinen ersten Unterrichtsversuchen heraus und kann sich auf sein Berufsziel hin verändern.

Nicht nur vom Praktikanten werden Hör- und Veränderungsbereitschaft erwartet. Sie sind auch bei einem Hochschullehrer vorauszusetzen, der das Praktikum nicht als Abstieg in die Niederungen des religionspädagogischen Geschäfts ansieht. Jedoch, alle Jahre wieder steht der Praktikumsleiter vor gleichen organisatorischen Problemen und wird mit ähnlichen Schwierigkeiten seiner Studenten konfrontiert. Er hat nicht mehr das Neuheitserlebnis. Die Spannung ist raus. Eine gewisse Routine stellt sich ein. Er kann nicht mit jedem Studenten das Fachpraktikum durchleiden. Empathie und Sympathie des Professors/Dozenten aber werden durch bohrende Nachfragen der Studenten wieder erzeugt.

Eine unreflektierte Praxis ist gefährlich, da sich beim Praktikanten nicht erkannte Fehler festsetzen können. Nicht selten leben Schüler ganz gut mit den didaktisch-methodischen Fehlern ihres Lehrers. Reflexionen sind für den Praktikanten unabdingbar, auch um die eigenen Lehrerfolge objektiv beurteilen zu können (S. 126). Positives Lehrverhalten ist herauszuarbeiten. Das stabilisiert. Das Praktikum will Mut machen, mit den vorhandenen, ausreichenden Fähigkeiten das Berufsziel weiter zu verfolgen.

Der Mentor durchleuchtet kriterienorientiert die Unterrichtsversuche des Praktikanten. Hier aber liegen Probleme, die mit dem Studenten zu besprechen sind: Kann von dem Praktikanten erwartet werden, daß er – ohne Zorn und Leiden schaffende Ausfälle – den Weg der Analyse und des gemeinsamen Suchens und Findens eines schülerangemessenen Lehrverhaltens mitgeht? Sieht der langgediente Mentor eher die Fehler des Berufsanfängers als dessen Stärken? Einseitig gewichtete Kritik entmutigt. In der Stundenbesprechung sollten deshalb zuerst die positiven Elemente des Unterrichtsversuchs begründet benannt werden. Auf negatives Lehrverhalten wird der Student mit Hilfe von Fragen, Impulsen, Denkanstößen hingewiesen. Der Mentor bringt den Unterrichtenden auf den Weg, zu sich selbst auf kritische Distanz zu gehen. Der kompetente Besprechungsleiter hat zwar Verbesserungsvorschläge klar vor Augen, er wird sie aber erst nach den Suchbewegungen des Studenten zur Diskussion stellen.

Besprechungen von RU sind keine Übungen des Sich-Unterwerfens unter eine Autorität, sondern immer gemeinsame Suchbewegungen nach menschenorientierten Wegen. Auch der Mentor lernt durch das Lehren des Praktikanten und die Besprechung seines RU.

• Kreationen – keine Imitationen – sind gefragt

Imitationen schaden dem eigenen Profil, das unverwechselbare Höhen und Tiefen aufweist. Sie machen den Reiz einer unverwechselbaren Lehrerpersönlichkeit aus.

Jede RU-Stunde ist ein Unikat. Im Fachpraktikum geht es nicht um stupides Einüben eines – sei es in der Schulzeit oder in Hospitationsveranstaltungen – erlebten und für gut befundenen RU. Der Student transponiert Elemente, die er in vorangegangenem fremden RU positiv registrierte – z.b. das übersichtliche Tafelbild –, auf seine Person. Grundstrukturen des gesehenen RU – z.b. die Förderung der Selbsttätigkeit der Schüler – werden personifiziert, ver- und bearbeitet in das eigene Unterrichtsvorhaben übernommen. Geschieht dies nicht, wird der junge Kollege möglicherweise zur Karikatur eines alten. In der Religionspädagogik gibt es keine Kochrezepte nach dem Motto »Man nehme einen informierenden Unterrichtseinstieg, gehe dann mit einem visualisierenden Bild zur Phase der Problemsicht über, lockere das Ganze mit viel Klassengesprächen auf ... – und fertig ist ein die Schüler ansprechender korrelativer RU«. Auch positive Erfahrungen haben sich stets von neuem zu bewähren. Anregungen, Meinungen, Ratschläge sind zu hören und zu verarbeiten.

Fremdprodukte sind gut, weitaus besser aber ist Kreativität aus eigenem Hause. So entsteht eine einmalige Unterrichtseinheit. Der Religionspädagoge unterrichtet authentisch.

Professoren und Mentoren sind sich der Relativität ihrer religionspädagogischen Kunst bewußt, auch wenn sie ihre Vorstellungen von einem »guten« RU schwergewichtig vortragen. Gefordert ist von den Studenten eine kritisch-konstruktive Auseinandersetzung mit den unterbreiteten Vorschlägen. Die argumentativ-begründete Annahme oder Verwerfung einer Konzeption hilft dem angehenden Religionslehrer, eigenständige Kreationen zu erarbeiten. Kein (Hochschul-)Lehrer will Abziehbilder seiner selbst im Dutzend billiger produzieren. Er will bei dem jungen, angehenden Kollegen Kräfte freisetzen, eine eigenständige Lehrerpersönlichkeit zu werden, die ihre individuellen Stärken ausbaut und ihre Schwächen zu korrigieren lernt.

- **Das Fachpraktikum ist ein Training des Ernstfalls ohne weitreichende Konsequenzen**

Der Student lernt, eine abgerundete Unterrichtseinheit zu komponieren. Der Unterrichtsbogen ist ein relationales, interdependentes Gefüge. Die letzte Stunde der Einheit beispielsweise wird nicht additiv – selbstverständlich aber folgerichtig – hinter die vorletzte gesetzt. Nein, die letzte Stunde beeinflußt die Konzeption der ersten oder zweiten mit. Der Student erfährt bereits bei seiner Vorbereitung den RU als einen dynamischen Prozeß.

Bewegt, wenn nicht sogar stürmisch wird es dann, wenn es gilt, das papierene Unterrichtskonzept in die Praxis umzusetzen. Der lebendige Unterrichtsprozeß endet im Schulalltag – und das sei jedem Praktikanten zum Trost gesagt – nie dort, wo er laut Plan am Schreibtisch enden sollte. Jeder Religionslehrer – auch der gewiefteste – lebt in der Spannung zwischen dem intendierten Lernfortschritt seiner Schüler, dem »Schreibtisch-Soll« und dem »Klassenzimmer-Ist«, dem tatsächlich mit seinen Schülern Erreichten.

Das Training, RU zu planen, zu halten und zu reflektieren, kostet Schweiß und vor allem Zeit. Der Stundenentwurf z.B. ist umzubauen, weil die vorausgegangene Stunde einen Überhang hat, Nacharbeit notwendig ist oder weil bei der Besprechung mit dem Mentor gravierende Mängel in der Gesamtkonzeption deutlich wurden. Das ist kein Beinbruch. Vorbereitete Bausteine liegen ja bereits auf dem

Tisch. Sie müssen »nur« neu zusammengefügt, ergänzt oder behauen werden. Mindestens 50% des Arbeitsaufwandes sind bereits geleistet. Auch deshalb ist es dringend angeraten, die gesamte Unterrichtseinheit vor Beginn des Praktikums in der Schublade liegen zu haben. Wer einen Plan hat, kann leichter variieren, als wenn er bei der Nacharbeit erstmalig mit fachwissenschaftlichen und fachdidaktischen Fragen der kommenden Unterrichtsstunde konfrontiert wird. Zufallsprodukte »ex Ärmulo« sind in der Regel nicht gewinnbringend, weder für den Praktikanten noch für seine Schüler.

• **Das Fachpraktikum kann zum Ernstfall mit Folgen werden**

Jeder Praktikant hat das Recht, von seinem Mentor zu wissen, welche derzeitigen Stärken und Schwächen er beim Unterrichten hat und ob er ihn für den Lehrberuf als geeignet erachtet.
Die Gerechtigkeit gebietet es, gute Leistungen in den theologischen Disziplinen als solche zu honorieren und mangelhafte nicht mit dem weiten Mantel falsch verstandener Caritas zu verhüllen. Das Fachpraktikum Religion kann auch »nicht bestanden« werden. Aber nur dann, wenn der Mentor, der den Studenten täglich vor der Klasse unterrichten sieht, begründet negativ votiert und in seinem Urteil mit dem Praktikumsbeauftragten der Universität übereinstimmt. Mentoren-Urteil geht immer vor Uni-Urteil! Diese Regel sollte auch dann gelten, wenn die Praktikumsordnung dem Dozenten/Professor die »alles entscheidende« Stimme zuweist. Ein nicht bestandenes Praktikum will dem Studenten nicht Chancen nehmen, sondern Hilfen geben, das ins Auge gefaßte Berufsziel gründlich zu bedenken. Folgerungen sind zu ziehen. Noch ist es Zeit, ohne großen Zeitverlust umzusteigen. Künftige Religionslehrer, die unbegründet das Praktikum als »bestanden« bescheinigt bekommen, sind eine Gefahr für sich und für zukünftige Schülergenerationen. Über gravierende Mängel und Fehlleistungen kann und darf in der ersten Ausbildungsphase nicht unkritisch hinweggesehen werden. Ein Rangieren auf dem Verschiebebahnhof der Entscheidung über die Eignung eines Praktikanten hat verheerende Folgen.

3. Lehrplan: Pflicht oder Kür?

Im Fachpraktikum kommt der Student erstmalig in die Spannung eines Lehrers und damit auch Funktionärs des heutigen demokratischen Staates einerseits und andererseits in die spannende Rolle eines Religionspädagogen, der sich als Anwalt junger Menschen in der Schule einer pluralistischen Leistungsgesellschaft versteht. Der Praktikant ist auf Zeit eingebunden in den organisatorischen Rahmen des gegenwärtigen Schulwesens. Dazu gehört u.a. auch der Lehrplan der Jahrgangsklasse, in der er sein Fachpraktikum absolvieren wird.

● **Pflicht: Kritische Lektüre des Lehrplans**

Spätestens vor der verbindlichen Absprache des Themas der Unterrichtseinheit zwischen dem Mentor, dem Praktikumsbeauftragten der Universität und dem Studenten wird der Praktikant die Einleitung zu seinem Lehrplan genau abwägend, kritisch lesen. Er erhält Auskunft über
– die in der kultusministeriellen Vorgabe vertretene Theologie. Dabei ist die dem Plan zugrundeliegende handlungsleitende Ekklesiologie ganz wichtig;
– das didaktische Prinzip des Lehrplans,
– den Aufbau und
– die Bauelemente der einzelnen Pflicht- und Wahlunterrichtseinheiten.

• Das Fundament: Religionsunterricht nach dem Synodenbeschluß

Der Student wird bei seiner Lehrplanlektüre (noch einmal) mit dem Konzept »Religionsunterricht nach dem Synodenbeschluß« (1974) konfrontiert.[1] Dieses ist das Fundament, aus dem der Lehrplan, Religionsbücher, Unterrichtsmodelle und die situative Unterrichtsplanung des Religionslehrers erwachsen.

Im und durch den Lehrplan konkretisieren sich die Zielsetzung des »RU nach dem Synodenbeschluß« (2.5.1) und die im Beschlußtext (2.6.5) aufgeführte »Gewinnliste« heutigen religiösen Lernens in der Schule, das eine dringliche und lohnende Aufgabe für das Volk Gottes, die Teilkirche in Deutschland bleibt, auch wenn sich die »Erfolge« des RU im Vergleich zu den Vorstellungen älterer Mitchristen eher bescheiden darstellen. Die kirchensoziologischen Rahmenbedingungen[2], die ermittelten peripheren Interessen der ich-zentrierten jungen Leute an institutionalisierter Religion und christlichem Glauben[3] lassen es angeraten sein, die bereits 1974 realistisch und weitblickend formulierten sechs Gewinne des RU als Ziele heutigen religiösen Lernens unter dem Dach der Schule zu akzeptieren:

»Es ist ein Gewinn:

– wenn die Schüler beim Verlassen der Schule Religion und Glaube zumindest nicht für überflüssig oder gar unsinnig halten;
– wenn sie Religion und Glaube als mögliche Bereicherung des Menschen, als mögliche Kraft für die Entfaltung seiner Persönlichkeit, als möglichen Antrieb für die Realisierung von Freiheit begreifen;
– wenn die Schüler Respekt vor den Überzeugungen anderer gewonnen haben;
– wenn sie fähig sind, in der Diasporasituation des Glaubens sich begründet und verantwortlich mit dem lebensanschaulichen Pluralismus auseinanderzusetzen und sich der Wahrheitsfrage zu stellen;
– wenn ihre Entscheidungsfähigkeit und Entscheidungswilligkeit so gefördert wurde, daß sie imstande sind, ihre persönliche

Glaubenseinstellung zu überprüfen, zu vertiefen oder zu revidieren und so eine gewissenhafte Glaubensentscheidung zu treffen;
– wenn die Schüler, je nach Möglichkeit, angestoßen von diesem Unterricht, zu einer engagierten Begegnung mit der Wirklichkeit des Glaubens, einschließlich der konkreten Kirche, bereit und fähig sind.«[4]

Wenn Jugendliche kurz vor der Jahrtausendwende nichts mehr von einem »schlüsselfertigen Sinngebäude« (H. Barz) wissen wollen und lieber in einem selbstgemachten »Heiligen Diesseits«[5] leben, so ist es Aufgabe des christlichen Religionspädagogen, sich im pluralistischen Sinn-Warenlager auf die Entdeckung der Fenster zur Transzendenz zu begeben, sie mühsam zu reinigen, durchsichtig zu machen, um sie den Schülern behutsam für die guttuende Nachricht Gottes an die Menschen öffnen zu können. – R. Sauer vollzieht eine begrüßenswerte Alltagswende im RU.[6] Er zeigt den Kollegen bekannte, aber oft nicht genutzte Fenster zur Transzendenz. Der Religionspädagoge beschreibt weltlich-konkrete, »signifikante Alltagsphänomene im Leben Jugendlicher«[7]: das Musikerlebnis, die Gruppe der Gleichaltrigen, Liebe und Sexualität, Sport und Spiel, Zuwendung zur Natur und neue Körperlichkeit, Tourismus und Freizeit, soziales Engagement. Diese Phänomene der jugendlichen Lebenswelt tragen die Kraft in sich, den Alltag zu übersteigen. Die exemplarisch ausgewählten Erlebnisse können – sie müssen es nicht – eine »Betroffenheit auslösen und für einen Augenblick eine tiefere Dimension der Welt zum Vorschein kommen lassen«.[8] Diesen Punkt zu finden, ist die Kunst des Pädagogen. Das gelingt R. Sauer in seinen »Religionspädagogischen Konkretionen«[9] für die Sekundarstufe I. Er baut eine tragfähige Brücke zwischen den ambivalenten Symbolen der Alltagswelt und dem religiös-christlichen Bereich. In diesem RU kann den Heranwachsenden ein »Mehr-als …« aufgehen. Abstrakte Lehrformelhaftigkeit des christlichen Glaubens oder Weltleere der Guten Nachricht bleiben außen vor. R. Sauers Arbeit hat Aufforderungscharakter, ähnliche Brückenbauarbeiten zu leisten.

Wer »eine vollständige Einführung ins Christentum, die sich für alle Bereiche des christlichen Lebens offenhält«[10], für den vielerorts nur noch einstündig erteilten RU einklagt, sollte die gesellschaftliche Ausgangslage des »relativen Pflichtfachs« – so der Jurist C. Link – objektiv beschreiben, sie nicht einäugig analysieren und ernsthaft prüfen, ob er nicht die an den religiösen Lernprozessen in der Schule beteiligten Menschen überfordert.

• Im Mittelpunkt: der Mensch

Im Lehrplan wird dem Religionslehrer deutlich, was die durch K. Rahner initiierte und vom II. Vatikanischen Konzil aufgegriffene »Anthropologische Wende der Theologie«[11] zur Menschwerdung junger Menschen und zur Erreichung des Globalziels des RU beiträgt; was diese Bekehrung der Theologie zum Menschen und zu seinen konkreten Erfahrungen in Raum und Zeit zum Erreichen des Globalziels der Schule-für-alle zu leisten imstande ist. Wer die heutigen amtlichen Lehrpläne für den RU liest und sie beispielsweise mit dem »Rahmenplan für die Glaubensunterweisung« (1967) vergleicht, entdeckt, daß Religionspädagogen ihre Schüler nicht mehr als aufnahmebereite Gefäße der ein für allemal feststehenden theologischen Stoffe ansehen. Für sie gilt verpflichtend: »Der Religionsunterricht dient nicht primär einer systematischen Stoffvermittlung. Die Synode wünscht, daß er – den Ansätzen moderner Didaktik gemäß – sich auf die Situationen der Schüler bezieht, sich ihren Fragen stellt, ihren Problemen nachgeht und Erfahrung zu vermitteln versucht. Selbstverständlich muß er, wie jedes Schulfach, einen überprüfbaren Wissenszuwachs erbringen«[12].

Tja, liebe Kinder, mit Hilfe dieser wahren Flut von Lehrplänen können wir uns ein Bild von der Größe Gottes machen . . .

• Der Fortschritt: neue Korrelationen

Schüler, die ihre Erfahrungen in einem »heidnischen Land mit christlichen Restbeständen« – so K. Rahner bereits im Jahre 1984 – machen, stellen heute anders als ihre Großeltern die Nachricht vom unbedingten Erwünscht- und Anerkanntsein des Menschen durch Gott und die Not wendende Botschaft in Frage, daß menschliches Leben gelingt.

Das situative Anfragen der Heranwachsenden provoziert neue Antwort-Töne der alten Guten Nachricht, die – möglicherweise – so noch nie zu hören waren. Oft erschrecken sie gefährlich alte Hörgewohnheiten.

Gott kommuniziert mit den Menschen auch heute. Er erweist sich als ein in konkreten raum-/zeitlichen Bedingungen wirklicher und wirkender »Mitgeh-Gott«. Die Lebenskraft seiner befreienden Botschaft bewährt sich auch in neuen Situationen überraschend neu. Neues aber – so erfahren wir es ja nicht nur in »Sachen« Religion und Glaube, Werte und Normen – verunsichert, destabilisiert das liebgewordene Alte. Wenn Christen der Überzeugung sind, vorab schon immer zu wissen, woraufhin sie das Evangelium anzufragen haben, und wenn sie meinen, voraussehen zu können, was sie von der Botschaft des Gottes-für Menschen zu erwarten haben, dann tragen sie ein korrekturbedürftiges Bild des lebendigen, kreativen Gottes mit sich herum. Sie verbauen sich jede Chance, neue Erfahrungen mit Gott in der Welt zu machen. Sind sie in eine Sicherheitsideologie verstrickt, die die biblische Tradition verrät (lat.= tradere)? Das Gleichnis von den Talenten (Mt 25, 14-30; Lk 19, 11-27) betrifft Religionspädagogen. Wer es getroffen im Kontext der heutigen gesellschaftlichen Situation liest und es erfahrungsbezogen meditiert, sollte eigentlich vor gewinnminimierenden Verkrustungen gefeit sein. Nur das Wagnis maximiert den – auch religionspädagogischen – Zugewinn.

Der im RU angestrebte Dialog ist wechselseitig. Auch die Gute Nachricht – ein Wort wie belebender Regen (Jes 55, 10) – stellt Fragen an die Erfahrungen der Schüler. Dadurch werden diese andere. Ein festgeglaubtes Fundament kommt in Bewegung. Es verändert sich. Die einen Stabilisatoren der Vor-Einstellungen halten den Anfragen nicht mehr stand; andere werden tragender, möglicherweise Leben rettender, wenn sie ausgebaut und verstärkt werden.

Religionspädagogen, die ihre Schüler in eine wechselseitige dialogisch-argumentative Kommunikation verflechten, haben zwar ein radikales (radix (lat.) = Wurzel) und konsequentes (consequi (lat.) = einem Vorbild nachfolgen), keineswegs aber ein rigides (rigidus (lat.) = starr) Lebensfundament. Sie vereiteln nicht jedweden Perspektivenwechsel auf ihrem und der Schüler Weg zur Mensch-Werdung. Das hat selbstverständlich weitreichende Folgen bis in die methodische Gestaltung der religiösen Lernprozesse und Medialisierung des RU.

Korrelation[13] ist das durchgängige didaktische Prinzip, aus dem der RU – dem gültigen Lehrplan gemäß – lebt. Die Hessischen Rahmenrichtlinien z.B. verdeutlichen dem Praktiker durch eine Gegenüberstellung, was Korrelation meint und was nicht:

»Korrelation heißt nicht, heutige Erfahrungen zur Norm der Überlieferung zu erheben, noch sie zum bloßen Aufhänger und austauschbaren Anschauungsmaterial abzuwerten.

Korrelation will vielmehr überliefertes Glaubensverständnis und heutige Erfahrungen so einander gegenüberstellen, daß sie in ihrer jeweiligen Besonderheit zur Geltung kommen und sich wechselseitig erhellen können.

Korrelation heißt nicht, Gottes Offenbarung heutigen Erfahrungen anzupassen, so daß das Besondere der christlichen Botschaft abgeschwächt oder verkürzt wird.

Korrelation will vielmehr das Anderssein Gottes, das Überraschende seiner Zuwendung gegenüber begrenzten Vorstellungen gängigen Verhaltensmaßstäben und -mustern bewußt machen. Sie will das Unwahrscheinliche und Überwältigende der in der Bibel bezeugten Liebe Gottes deutlich machen, die nur geglaubt werden kann und allein Glauben verdient.

Korrelation heißt nicht, die christliche Rede von Gott und seiner Offenbarung auf menschliche Bedürfnisse einschränkend so umzudeuten, daß der unendliche Unterschied zwischen Gottes freier, erbarmender Liebe und menschlicher Bedürftigkeit nicht mehr bewußt bleibt.

Korrelation soll die Freiheit Gottes und die menschliche Freiheit (hier: der Schüler) so zum Ausdruck bringen, daß die in Gottes freier Initiative gründende, dem Menschen entgegenkommende, vergebende und befreiende Liebe Gottes in der freien Glaubensentscheidung angenommen werden kann.

Korrelation heißt nicht, nur über menschliche Grenzerfahrungen zu sprechen und nach dem Sinn von Leid, Bosheit und Tod zu fragen, um darauf Glaubensaussagen als direkte und erschöpfende Lösung anzubieten.

Korrelation heißt, menschliche Leidens- und Glückserfahrung als solche ernst zu nehmen, die – auch für den Glaubenden – ungelösten und bedrängenden Fragen auszuhalten, die Geschichte Jesu Christi, sein Handeln, Leben und Sterben inmitten von Elend, Schuld und Tod als Grund zur Hoffnung und zu einem Handeln aus dieser Hoffnung, nicht aber als eine alle Probleme lösende Theorie einzubringen«[14].

- **Kür: kreatives Bearbeiten des Lehrplans**

Kein aktueller Lehrplan ist so starr, daß er nicht durch die Praktiker bearbeitet und verändert werden dürfte. Wenn die permanente Revision und Veränderung des Binnencurriculums – der Ziele, Inhalte und Unterrichtsorganisation – des RU auch Aufgabe der Arbeiter an der Basis ist, dann ist ein Lehrplan eine Einladung – gerade an junge, veränderungsfähige und -bereite, agile Religionslehrerstudenten –, kreativ mit den kultusministeriellen Vorgaben zu experimimentieren (S. 89).

Kein Lehrplan ist so gut, daß er nicht für den konkreten Unterricht in einer Lerngruppe verändert werden müßte. Das ergibt sich u.a. auch aus seinem Werdeprozeß: Ein Lehrplan ist in der Regel kein homogenes Produkt. Dieses Kompromißpapier spiegelt Pluralität wider. Nach harten – hoffentlich auch fairen Auseinandersetzungen – wurde es verabschiedet. Die einen Mitglieder der Plankommission brachten Mosaiksteine vergangener, in die Gegenwart hineinwirkender religionspädagogischer Konzeptionen ein; andere trugen zukunftsweisende Bausteine bei. Elemente überholter Lehrpläne wurden (un)überlegt tradiert, neue eingepfropft. Theologische, kirchen- und bildungspolitische Interessen – nicht zu unterschätzen die Vorlieben – unterschiedlicher Personen und Gruppen gingen in das Dokument ein, das eine verantwortbare religionspädagogische Zukunft gestalten will. Ein Lehrplan kann und muß auch unter der Leitfrage gelesen und bearbeitet werden: Welcher gesellschaftspolitische Bewußtseinsstand spiegelt sich in ihm wider?

Ein Lehrplan ist eine Momentaufnahme der Religionspädagogik. Bei ihrer Veröffentlichung ist sie bereits angegilbt. Das ermuntert den Lehrer einer lebendigen Lerngruppe, die Farben aufzufrischen, neue hinzuzufügen und den Lehrplan – wie jede Tradition – kreativ umzugestalten. Ziel dieser Bemühungen ist die Konsonanz von Plan, Religionslehrer und Schüler, die mit ihm arbeiten wollen.

Religionspädagogen scheuen keine Wurzelbehandlungen des Lehrplans, weil sie immer mehr in ihrem unterrichtlichen Alltag feststellen: Ein Lehrplan, der der Korrelationsdidaktik der 70er Jahre entwachsen ist,»klemmt« irgendwo und -wie. Aus unterschiedlichen Gründen ist er nicht mehr situationsgerecht und praxisfähig.[15] Die Gewichtigkeit des kultusministeriellen Dokuments schreckt nicht ab, das Fundament des Lehrplans und dessen theologischen und pädagogischen Verstrebungen kritisch unter die Lupe zu nehmen. Konstruktiv fragen Religionslehrer: Kann die Korrelationsdidaktik den »RU 2001« noch tragen? Ist die Zeit gekommen, dieses Leitkonzept – unter Anerkennung seiner unbestrittenen Leistungen – ehrenhaft zu verabschieden?[16] Die aus religionspädagogischer Exodus-Mentalität gestellten radikalen Fragen belegen die Vitalität der religionspädagogischen Zunft. Sie leiten einen notwendigen Innovationsprozeß ein, um auch zukünftig in einem veränderten Bedingungsgefüge mit jungen Menschen einen gemeinsamen Lernweg in »Sachen« Religion und Glaube gehen zu können.

Der geforderte kritische Respekt, die notwendige respektvolle Kritik gegenüber dem Lehrplan und der von jedem mündigen Bürger und Christen abgelehnte vorauseilende Gehorsam, der nur Geschriebenes nachvollzieht, ist auch durch den Synodenbeschluß zum RU nahegelegt: Der Schüler, dessen Situation und Erfahrung bilden »ein unabdingbares Kriterium der Auswahl von Zielen und Inhalten«.[17]

Im Umgang mit dem Lehrplan seiner zukünftigen Praktikumsgruppe zeigt es sich, ob der Student das anfanghafte, ausbaufähige – für einen fortgeschrittenen Lehrer das unabdingbare – Talent besitzt, die in religionspädagogischen Lehrveranstaltungen und Publikationen angebotenen theoretischen Trittsteine schülerorientierten Lehrens und Lernens zu praktikablen Wegen der Schüler gestalten zu können.

Lehrpläne sind Rahmenrichtlinien einer »religionspädagogischen Spielwiese«, in deren Mitte interagierende und kooperierende Menschen stehen. Der Lehrplan eines Kultusministeriums muß zum Lehrplan der Schüler werden: ein Lehr- und Lernplan für Schüler, ein Plan, durch den Schüler Subjekte ihrer Lernprozesse werden können. Das Ideal »Plan der Schüler« ist erst dann erreicht, wenn Schüler aktiv in die Plangestaltung einbezogen werden und an den Entscheidungen Anteil haben. Partizipation und Kooperation können aber nicht von »oben« durch einen kultusministeriellen Erlaß verordnet werden, sondern müssen von »unten« aus der alltäglichen religionspädagogischen Werkstatt herauswachsen, »lustvoll« von Lehrern und Schülern experimentiert und langsam eingeübt werden. Das Praktikum bei einem aufgeschlossenen Mentor könnte für ein solches Experiment genutzt werden. Die dabei mit hoher Wahrscheinlichkeit erlebten »Mißerfolge«, die der Praktikant beschreibt und kritisch analysiert, sind für ihn unter »Gewinn« zu verbuchen. Konstruktiv mit »Brucherfahrungen« umgehen lernen, ist nicht nur eine Berufsaufgabe des Religionspädagogen, sondern auch eine spirituelle Herausforderung. Kann der Religionspädagoge aus seinem Scheitern, mit jungen Menschen je individuelle Lehr- und Lernwege zu finden und zu gestalten, eine Botschaft seines Reifungsweges heraushören und sie verstehen; eines Weges, auf dem ihm neue Kräfte und Fähigkeiten zugewachsen sind?[18]

• **Lehrplan: ein Stabilisationsfaktor**

Im vorausgegangenen wurde für die Auseinandersetzung des Studenten mit dem Lehrplan der Akzent auf »Mobilität« gesetzt. Und das aus gutem Grund: Ein Lehrplan ist auch Teil der verrechteten Kultusbürokratie. Sie ist notwendig, in vielen Fällen auch hilfreich. Aber: Der lebendige Organismus Schule – und in ihr der RU – hat nur dann eine Chance weiterzuleben, wenn aufgrund neuer gesellschaftlicher Konstellationen, auf die ein Kultusministerium wegen der sogenannten Sachzwänge und der Rechtslage nicht so schnell wie die Basis reagieren kann, unkonventionelle (religions-)pädagogische Gedankenstürme und Ideenblitze das Schulhaus erleuchten und von Muff und Mief reinigen. Diesen Elan vital zu erhalten, ist Aufgabe eines gesellschafts- und kirchenkritischen Religionspädagogen.

Ein Lehrplan ist auch ein begrüßenswerter Stabilisationsfaktor. Er gibt Auskunft über

1. das, was gelehrt und gelernt werden soll;

2. die Zielsetzung, mit der im Fach Religion in den einzelnen Jahrgangsstufen aufgrund einer durchdachten – vom Religionslehrer nicht immer geteilten – Konzeption gelehrt und gelernt werden soll. Es ist zu beachten, daß nicht selten zwei Jahrgangsstufen zusammengefaßt sind.

Der Lehrer ist entlastet, den großen Rahmen eines Lehr- und Lernjahres zu entwickeln. Er kann sich auf situative Detailarbeit konzentrieren, die für ein erfahrungs- und handlungsorientiertes, mehrperspektivisches und ganzheitliches Lernen zu leisten ist.

Die Unterscheidung in Schwerpunkt-/Kern-/Pflichtthemen und in Wahlthemen gewährleistet einerseits ein geordnetes, Verdoppelungen ausschließendes, aufbauendes Lehren in einer Lerngruppe. Unverbindliche Beliebigkeit ist unterbunden. Andererseits ist für den Religionspädagogen und seine Schüler so viel Spielraum, daß sie ihren Interessen und aktuellen Wünschen gerecht werden können.

Der Lehrplan ist eine Uhr. Der Pädagoge kann auf ihr die Pünktlichkeit ablesen, mit der Inhalte – nicht nur die Hits, sondern auch unumgängliches Schwarzbrot, z.B. der biblischen Realienkunde oder der Kirchengeschichte – jungen Menschen anzubieten sind. »Der Religionsunterricht für die Sekundarstufe ist dringend auf Kenntnisse und Qualifikationen angewiesen, für die das Grundschulalter optimale Voraussetzungen bietet und die nicht ebenso gut, sondern nur mit Mühen und Abstrichen in späteren Jahren – vielleicht – nachgeholt werden können. Ich möchte nur zwei Komplexe nennen: 1. die Qualifizierung für eine eigene religiöse Fragehaltung ... und 2. die Grundlegung von Sachkenntnissen sowie die Einführung in eine elementare Grammatik der religiösen Sprache.«[19]

»Angriffe« von außen können durch den Hinweis auf kultusministerielle Lehrplanentscheidungen »in Übereinstimmung mit den Grundsätzen der Kirche«[20] oft abgewehrt werden.

Dem curricularen Ansatz des RU verpflichtete Lehrpläne sprechen nicht selten auch

3. Empfehlungen für das methodische Vorgehen und die Medialisierung des Unterrichts aus.[21] Sie wollen den Religionspädagogen anregen, schüler- und sachangemessen zu unterrichten. Sie sind aber dann abzulehnen, wenn

a) die organisatorischen, räumlichen und technischen Voraussetzungen vor Ort nicht gegeben sind;

b) die kognitiven, affektiven und pragmatischen Voraussetzungen der Schüler den Vorschlägen entgegenstehen;

c) die Planungselemente des Binnencurriculums – Inhalt, Zielsetzung und Unterrichtsorganisation – den begründeten Verdacht aufkommen lassen, daß das Prinzip der Interdependenz nicht gewahrt ist;

d) das Prinzip der Variabilität nicht verwirklicht werden kann.

»Variatio delectat« (Abwechslung erfreut), gilt nicht nur im Bereich der Musik oder für eine die Menschen belehrende und bewegende Rede vor Gericht, sondern auch in der Katechese und im RU.

»Gerade für den Religionsunterricht ist ein sogenanntes ›offenes Curriculum‹ erforderlich«[22], formulierten die Würzburger Synodalen theologisch und religionspädagogisch begründet. Offene religiöse Lernprozesse[23] sind gegen unterrichtsorganisatorische Festlegungen von außen resistent. Wenn RU Menschen für das Unverfügbare öffnen will, dann werden im Aufzeichnungsschema einer Unterrichtsstunde in den Spalten »Methoden« und »Medien« (Unterrichtsorganisation) Lehr-, Lern-, Arbeitsmittel aufgeführt, die kreatives und selbständiges Handeln, unvorhersehbare Initiativen auf den Wegen der Schüler ermöglichen (S. 99).

4. Nur ein Lehrplan, der ein geschlossenes Curriculum favorisiert, wird auch Tests der »Zentrale« – Inhalte, Methoden und Medien kultusministerieller Lernzielkontrollen – fest vorschreiben. – Am Ende eines offenen, an den Menschen orientierten Lehr- und Lernprozesses steht aufgrund der Rechtslage[24] ebenfalls eine Lernerfolgskontrolle, die Rückmeldefunktion an die Schüler hat (S. 116). Die lerngruppenspezifischen Lehr- und Lernziele der vorausgegangenen Unterrichtseinheit dienen als Beurteilungsmaßstab. Die didaktischen Grundsätze »Erfahrungs-« und »Handlungsorientierung« sowie »Mehrperspektivität« und »Ganzheitlichkeit« bestimmen auch dieses letzte Teilelement schüler-/problemorientierten Lernens einer eigenartigen, in dem Bundesland so nicht mehr vorkommenden Lerngruppe.

- **Lehrplanarbeit: Pflicht – Kür**

Sie ist frühzeitig von einem Praktikanten einzutrainieren, um dem Ideal der Lehrerrolle in offenen religiösen Lernprozessen – eine handelnde Person, die Vorgaben modifizieren, variieren und konkretisieren kann – möglichst bald nahezukommen. Aber auch dies ist ein verschlungener, mäandrischer und langer Weg, der nicht ohne Rück- und Umwege bewältigt wird.

4. Wen werde ich unterrichten?

Der Synodenbeschluß zum RU geht davon aus, daß eine Religionsgruppe konfessionell homogen, die Schülerschaft aber religiös heterogen ist, eine Mischung aus glaubenden, im Glauben angefochtenen und nicht glaubenden jungen Menschen[1]. In dieser Aufzählung fehlt die auch schon 1974 bekannte große – wenn nicht sogar überwiegende – Gruppe der Schüler, denen alles gleich gültig ist, die auch mit dem attraktivsten Methodenarrangement nicht aus ihrer Reserve zu locken ist.

- **Das »Bild der Klasse« ist nicht mehr und nicht weniger als eine notwendige, korrekturbedürftige Momentaufnahme junger Menschen**

Das »Bild der Klasse« – nie ein für alle Male festgeschrieben, sondern offen für nicht voraussehbare Veränderungen der Schüler – will die in der Kapitelüberschrift gestellte Frage mitbeantworten helfen. Der Praktikant macht sich vor Beginn seiner Unterrichtstätigkeit kundig, wer vor ihm sitzt, wer mit ihm und den Mitschülern kommuniziert und interagiert, wer lernt und lehrt.

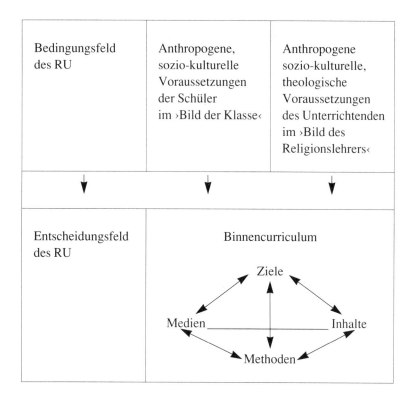

Aus dem »Bild der Klasse« und aus dem »Bild des Religionslehrers« (S. 15) sind Folgerungen für das Binnencurriculum zu ziehen. Geschieht dies nicht, mag zwar das Bild schön bunt sein, aber es bleibt l'art pour l'art.

Das »Bild der Klasse« – kurz »BdK« genannt – liefert unabdingbares Hintergrundwissen. Wer schülerorientiert unterrichten will, muß u.a. etwas wissen über

– die entwicklungspsychologische Situation der Jungen und Mädchen,
– ihre altersspezifischen Kennzeichen,
– ihren sozio-kulturellen Hintergrund,
– die weite Skala von Offenheit bis Verschlossenheit der jungen Leute für religiöse Fragen, über ihre Kirchlichkeit und ihr Glaubensbewußtsein,
– die in der Klasse festzustellenden Schülergruppen.

Streiter	Positive	Alleswisser	Schüchterne
Sachlich und ruhig bleiben, die Gruppe veranlassen, seine Behauptungen zu widerlegen	Ergebnisse zusammenfassen lassen, bewußt in die Diskussion einschalten	Die Gruppe auffordern, zu seinen Behauptungen Stellung zu nehmen	Leichte, direkte Fragen stellen, sein Selbstbewußtsein stärken
Redselige			**›Das große Tier‹**
Taktvoll unterbrechen, Redezeit festlegen			Keine direkte Kritik üben, ›Ja – aber‹-Technik

Ablehnende	Uninteressierte		Ausfrager
Seine Kenntnisse und Erfahrungen anerkennen	Nach seiner Arbeit fragen, Beispiele aus seinem Interessengebiet geben		Seine Fragen an die Gruppe zurückgeben

Zur weiteren Bearbeitung des Gruppenbildes:
1. *Welche Schüler Ihrer kommenden Praktikumsklasse identifizieren Sie im obigen Bild?*
2. *Welche Schülergruppe Ihrer Praktikumsklasse fehlt bei den neun Typen?*
3. *Formulieren Sie bitte Kommunikationsregeln für die »Typen« Ihrer Lerngruppe!*

Weitere Facetten der Momentaufnahme der Schüler vor Beginn des Praktikums:
- Die personelle, inhaltliche und unterrichtsorganisatorische Vorgeschichte dieser Lerngruppe,
- ihr Leistungsstand in Religion und in benachbarten Fächern, die vorrangig sprachliche Anforderungen an die Schüler stellen,
- die Ansprechbarkeit, emotional-affektive, intellektuelle »Wellenlänge« der religiös heterogenen Schülerschaft für RU-Themen,
- ihre bevorzugten unterrichtsorganisatorischen Hinwege zur Auseinandersetzung mit »Gott und der Welt«,
- die Arbeitsbedingungen des RU,
- das geistige, emotional-affektive, soziale Klima der Lerngruppe.

Kein Vorbild, sondern ein Modell eines »Bildes der Klasse«:
Klasse 10 a – d, Gymnasium
Thema der Unterrichtseinheit: Sinnfragen – Sinnantworten

1. Zusammensetzung und Vorgeschichte der Klasse
Die Klasse 10 a – d in F. setzt sich aus insgesamt 18 Schülern zusammen, wobei 11 Jungen und 7 Mädchen sind, so daß die Zusammensetzung in bezug auf das Geschlecht der Schüler in etwa ausgewogen ist. Die Schüler stammen aus vier Klassen. Sie bilden nur im RU diese Zusammensetzung. In dieser Klasse besteht kein gefestigter Klassenverband, wenngleich sie in dieser Zusammensetzung bereits seit dem 7. Schuljahr existiert. Die Schüler haben eine verstärkte Neigung zu Gruppenbildung nach Herkunftsklassen. Dies könnte durch häufige Gruppenarbeit eingeschränkt werden, wobei zu beachten wäre, daß sich die Gruppen nicht wieder nach Klassen zusammenfinden und die Zusammensetzung der einzelnen Gruppen wechselt. Neu hinzugekommen sind im letzten Jahr Frauke A. und in

diesem Jahr Anja E., die jedoch – soweit in meinen Hospitationsstunden vor dem Praktikum zu beobachten war – recht gut in die Klasse integriert sind und jedenfalls keine erkennbare Außenseiterposition einnehmen.

Die Schüler kommen aus 13 verschiedenen Orten, die zum Teil weiter von F. entfernt liegen; nur ein Schüler kommt direkt aus F. Die Schüler kennen sich zum überwiegenden Teil erst seit Eintritt in diese Schule oder seit Beginn des 7. Schuljahres. Noch wichtiger scheint mir die Tatsache zu sein, daß fast alle Schüler Fahrschüler und somit zumindest in der ersten Schulstunde jeden Tages noch schwerer zu motivieren sind.

Das Alter der Schüler liegt zwischen 15 und 16 Jahren. Es kann also nicht von einem für den Unterricht entscheidenden Altersgefälle gesprochen werden. Alle Schüler sind im Entwicklungsstadium der Pubertät, deren Auswirkung auf sozialem Gebiet von einem Loslösungsprozeß vom Elternhaus und – damit verbunden – vom Suchen nach neuen Orientierungen auch gegen die Eltern gekennzeichnet ist.

Die Schüler entstammen überwiegend der Mittelschicht.

Wie bereits erwähnt, besteht diese Klasse im RU bereits seit dem 7. Schuljahr. Vorher erhielten die Schüler RU in den ursprünglichen Klassen bei verschiedenen Lehrern. Seit der 7. Klasse erteilt Herr M. den RU, wobei ca. 7 Schüler mit nur ausreichenden oder mangelhaften Leistungen und Noten aus dem RU austraten. Die Kontinuität des Religionslehrers bedingt, daß die Schüler hinsichtlich des Lernstoffes in etwa gleiche Voraussetzungen haben. Sie sind einen partnerschaftlichen RU gewöhnt, so z.B. die Absprache der weiteren im Unterricht zu behandelnden Themen und die methodischen Erarbeitungen von Unterrichtsinhalten, worauf noch näher einzugehen sein wird.

Die Religionsstunden liegen in diesem Halbjahr dienstags in den ersten beiden Stunden; das heißt, die übliche Morgenmüdigkeit wird möglicherweise noch durch die Tatsache verstärkt, daß der überwiegende Teil der Schüler zu Beginn des Unterrichts bereits einen mehr oder weniger langen Anreiseweg hinter sich hat. Für die Unterrichtsplanung heißt das zum einen, die Schüler in verstärktem Maße zu motivieren, zum anderen, sie gerade in der ersten Stunde nicht zu überfordern und sich auf einen langsameren Unterrichtsablauf einzustellen. Die Tatsache, daß beide RU-Stunden in der Woche in einer Doppelstunde zusammengefaßt sind, hat zur Folge, daß bei der Unterrichtsplanung ein häufiger Methodenwechsel zu beachten sein wird, da methodische Wiederholungen gerade in einer Doppelstunde das Interesse und die Motivation der Schüler sehr schnell schwinden lassen werden.

2. Geistiges und soziales Klima der Klasse

Die Umgebung von F. ist Diaspora-Gebiet, wenngleich das zahlenmäßige Verhältnis von Katholiken und Protestanten nicht extrem unausgewogen ist; ca. ein Drittel der Bevölkerung ist katholisch, zwei Drittel sind evangelisch. Um Aufschlüsse über die Eingebundenheit der Schüler in Gemeinden und religiöse Gruppen zu ermitteln, habe ich im Fragebogen die Frage nach der Mitgliedschaft in kirchlichen Jugendverbänden oder -gruppen gestellt. Danach besteht bei 11 Schülern eine solche Mitgliedschaft nicht, 6 Schüler gaben an, in solchen Gruppen oder Verbänden mitzuarbeiten, z.B. als Meßdiener oder als Pfadfinder. Auch bei der Frage nach dem Gottesdienstbesuch ergaben sich unterschiedliche Gewichtungen: 9 Schüler gaben an, immer bis häufig den Gottesdienst mitzufeiern, 8 Schüler selten oder nie. Immerhin beantwortete die Mehrzahl der Schüler die Frage, ob ihnen Religion auch außerhalb des RU und des Gottesdienstes begegne, mit ja; nur 3 Schüler antworteten mit nein. Diese Begegnung mit Religion findet sowohl durch Lesen von Büchern oder in besonderem Maße durch Massenmedien statt, aber auch in Gesprächen, sei es in der Familie, in der Jugendgruppe oder mit Freunden.

In ihrer Freizeit beschäftigen sich die Schüler überwiegend mit Lesen, Musik, Sport. Deutlich geringer ist die Beschäftigung mit Technik, das Zusammensein mit Freunden oder Fernsehen und Kino. Ganz unten in der Rangliste erscheinen Briefmarken-Sammeln, Kartenspiele oder Discothekenbesuche. Kirchliche Aktivitäten werden nur zweimal erwähnt, einmal die Mitgliedschaft in einer Jugendgruppe, zum anderen die in einer Pfadfindergruppe.

Das Klima in der Klasse wird von den Schülern selbst als gut angesehen: 15 Schüler gaben an, sich in der Klasse wohl oder sehr wohl zu fühlen, 2 Schüler hingegen antworteten mit unwohl. Auch gab keiner der Schüler an, Angst zu haben, etwas zu sagen. Jedoch glaubten 12 Schüler, daß ihre Mitschüler sie nur zum Teil mögen, nur 3 antworteten mit ja. Dies ergibt sich möglicherweise aus der Zusammensetzung dieser RU-Klasse aus verschiedenen Klassen. Eine Gruppenbildung nach Klassen zeigt sich auch in der Sitzordnung.

Gero-Günther M.	Peter B.	Horst W.	Chri-stian H.

Markus L.	Hagen W.	Brigitte U.	Sigrun S.	Anja E.	Anja W.	Frauke A.	Kathari-na S.	Gaby E.

Wolfang K.	Walter B.	Ulrich B.	Jochen H.	Dirk O.

Pult

Während die Mädchen nach Klassen gemischt zusammensitzen, sitzen die Jungen neben ihren Klassenkameraden; die Jungen aus 10 b und 10 c in der letzten Reihe, die Jungen aus 10 a in der ersten und Markus L. und Hagen W. in der mittleren, wobei auffällt, daß beide während des Unterrichts oft mit sich selbst beschäftigt sind und zeitweise stören.
Insgesamt jedoch meine ich, sowohl auf Grund des Fragebogens als auch auf Grund meiner Hospitationsstunden, daß das Klima in der Klasse recht gut ist, zumal sich in Gruppenarbeiten auch einmal Schüler aus verschiedenen Klassen zusammenfinden. Auch der Umgangston der Schüler ist im allgemeinen freundlich. Aggressionen zwischen einzelnen Schülern, die möglicherweise aufzuarbeiten wären, waren in meinen Hospitationsstunden nicht zu erkennen.

3. Arbeitsbedingungen
Das Verhältnis Religionslehrer – Schüler kann als gut bezeichnet werden: So beurteilten 15 der befragten Schüler das Verhalten ihres Religionslehrers zu ihnen als freundlich, nur einer hielt es für gleichgültig und ein weiterer gab hierzu keine Antwort. Die Schüler sind von Herrn M. einen emanzipatorisch- partnerschaftlichen Unterricht gewöhnt, den es auch für mich im Praktikum fortzusetzen gilt. Die Arbeitsweisen sind in erster Linie Gruppen-, Partner- und Einzelarbeit, Referate und Arbeiten an Texten, mit denen die Schüler bereits vertraut sind. Als Medien wurden bisher überwiegend Filme, Arbeitstexte und Cassetten/Tonband verwendet, seltener hingegen Dias.
Zu der methodischen Erarbeitung eines Unterrichtsthemas äußerten sich die Schüler unterschiedlich: jeweils 7 Schüler fanden die methodische Vorgehensweise abwechslungsreich bzw. ermüdend. Als Gründe für eine negative Beurteilung wurden angegeben: zu wenig Gruppenarbeit, nur

nach Religionsbuch vorgegangen, wenig Methodenwechsel. Als positiv wurde die Möglichkeit der eigenen Meinungsäußerung bewertet. Die Methodenwünsche der Schüler bestanden im wesentlichen aus Diskussionen, Gruppenarbeit, Eingehen auf Themenvorschläge der Schüler und keine Vorträge. Als bevorzugte Medien wurden Filme und Arbeitstexte angegeben. In bezug auf meine Unterrichtsplanung hat das Ergebnis dieser Befragung in Verbindung mit dem bereits vorher Gesagten für die methodische Vorgehensweise im RU folgende Konsequenzen:

a) Dem Schüler muß die Möglichkeit gegeben werden, z.b. in Form von Diskussionen, die aber vom Lehrer dann auch gezielt strukturiert werden müssen, seine eigene Meinung frei zu äußern.

b) Um auch ruhigeren Schülern die Möglichkeit zu geben, sich zu äußern, und um eine klassenweise Gruppenbildung zu lockern, muß Gruppenarbeit eingeplant werden.

c) Keine langen Lehrervorträge (zumal auch gerade in meinen Hospitationsstunden deutlich wurde, wie wenig aufmerksam die Schüler während solcher Monologe sind und sein können).

d) Als Medien können ohne besondere Einübung Arbeitstexte und Filme eingesetzt werden.

Als Lehr- und Lernmittel stehen mir von der Schule aus Film- und Diaprojektoren zur Verfügung. An Religionsbüchern sind nur »Zielfelder«[2] und das Trutwin-Buch »Zeichen der Hoffnung«[3] in Klassenstärke vorhanden, so daß es sich als nötig erweisen kann, Texte selbst zusammenzustellen. Hinsichtlich der Arbeitsbedingungen im Klassenraum ist noch zu sagen, daß dieser sehr eng ist, so daß Arbeitsweisen, die viel Platz erfordern, schwierig zu realisieren, zumindest aber mit größerem Zeitaufwand (Umstellen von Tischen und Stühlen) verbunden sind.

4. Ansprechbarkeit und theologisches Denk- und Sprachvermögen

Aufschluß über die Einstellung der Schüler zum RU geben die Antworten auf die Fragen 1 – 5 des Fragebogens: Die Mehrzahl der Schüler sehen den RU als Informationsquelle für Religiöses (14x) und als Lebenshilfe (5x), aber auch als Notenlieferant (8x), Ausruh- (4x) oder Plauderstunde (1x). Diese gewisse Ambivalenz in der Einstellung zeigt sich in den Antworten auf die Frage, warum sie nicht aus dem RU ausgetreten seien: 15 Schüler gaben als Grund Spaß und Interesse am RU und den Themen an, für 3 Schüler gehört der RU zu ihrem Christsein, jedoch spielen auch Verbote der Eltern (4x) oder gute Noten (3x) eine Rolle. Insgesamt jedoch zeigt sich, daß zumindest die meisten Schüler über die Noten hinaus ein

Interesse am RU und auch eine gewisse Sensibilität für religiöse Fragen haben. Dies zeigt sich auch in den Ansprüchen an den RU, die aus den Antworten auf die Frage 2 hervorgehen, wie: – Hilfe, andere Menschen verstehen zu lernen – Glaube auf Themen und Fragen zu beziehen, die die Schüler betreffen – nahe an der Wirklichkeit der Schüler zu sein – fächerübergreifend zu sein.

Daß diese Ansprüche in den Augen der Schüler dem RU zumindest zum großen Teil gerecht werden, verdeutlichen auch die Antworten auf die Frage 4 des Fragebogens, wonach 12 Schüler den RU mit seinen Themen für lebensnah halten und nur 3 für lebensfremd und jeweils einer für zu fromm oder zu profan. Eine wichtige Bedingung für diese Bewertung ist sicherlich der Unterrichtsstil ihres Religionslehrers, der die zu behandelnden Themen mit den Schülern abspricht.

Als Themenwünsche gaben die Schüler in erster Linie schüler- und mitmenschenbezogene, aktuelle, eher sozialkundliche Themen wie: Partnerschaft – Drogen – Umweltschutz – Arbeitslosigkeit – Randgruppen – Einrichtungen für Jugendliche – Rüstung, Krieg an, in zweiter Linie eher geschichtliche Themen (Staat/Kirche) und ekklesiologische Themen (Papst, Kirche allgemein) an. An unterster Stelle der Themenwünsche rangieren andere Religionen.

Wichtig für die Beurteilung des theologischen Sprach- und Denkvermögens der Schüler sind die Antworten auf die Frage, ob und wo dem Schüler außerhalb des RU und des Gottesdienstes Religion begegne, wobei die Mehrheit der Schüler (14x) dies bejahte. Entscheidend hierbei scheint mir, daß für den Schüler die Begegnung und Beschäftigung mit Religion sowohl für sich allein (Bücher/Massenmedien) als auch in Gesprächen mit Freunden, in der Jugendgruppe und in der Familie stattfindet, was auch mögliche Anknüpfungspunkte für den RU sein könnten.

5. Leistungsstand

Die Religionsnoten der Schüler aus den letzten Halbjahren liegen zwischen 1 und 3, wobei im letzten Halbjahr zwei Schüler eine 1, sieben eine 2 und neun eine 3 bekamen. Von daher kann der Leistungsstand der Schüler schon als gut bezeichnet werden. Dieses Bild wird auch nicht wesentlich korrigiert, wenn man zum Vergleich verwandte Fächer, z.B. Deutsch, Sozialkunde, Geschichte hinzuzieht: Hier liegt die Notenskala zwischen 1 und 4, wobei nur Horst W. ein wenig aus dem Rahmen fällt, der als einziger in diesen Fächern im letzten Halbjahr zwei Vieren hatte, in Deutsch und Religion jedoch eine 2. Von der Unterrichtsbeteiligung her fallen besonders zwei Schüler auf: Christian H. und Gero-Günther M., die besonders rege Beteiligung zeigen. Zu den ruhigeren Schülern gehören Markus L., Hagen W., Gaby E. und Ulrich B., die jedoch auch in allen Vergleichsfächern, ebenso wie in Religion, gute bis befriedigende Leistungen erbrachten. Sie müssen vielleicht im Unterricht öfter gezielt angesprochen werden.

Die Tatsache, daß die Notenskala im RU nur zwischen 1 und 3 liegt, heißt jedoch keinesfalls, daß von Herrn M. grundsätzlich keine schlechteren Noten gegeben werden würden. Vielmehr sind die Schüler, die nur ausreichende oder schlechtere Leistungen erbrachten, innerhalb der letzten Schuljahre aus dem RU ausgetreten. Die Praxis der Notengebung ist bedeutsam auch für die Einstellung der Schüler zum RU. In diesem Fall wird man davon ausgehen können, daß die Schüler das Fach Religion durchaus auch als ein Leistungsfach ansehen.

(F.-G. Weyrich, L3-Student)

Zur Auseinandersetzung:

Versetzen Sie sich bitte in die Rolle des Mentors M., der das »BdK« mit Herrn Weyrich zu besprechen hat!

1. Welche Positiva weist das »BdK« auf?

2. Welche weiteren Angaben wünschen Sie sich im »BdK«, aus denen zu erkennen ist, daß der Praktikant seine 10 a – d kennt?

3. Spielen Sie doch einmal als Mentor die Besprechung des »BdK« mit einem Kommilitonen als Praktikanten durch!

• **Der Religionsunterricht läßt sich bewußt und gezielt auf die Situation der Schüler ein**

Vor Beginn des Fachpraktikums in Religion ermittelt der Student seine – nicht nur theologischen – Vorprägungen im Hinblick auf die Thematik der Unterrichtseinheit und deren Stellenwert in seinem persönlichen Christ-Werden. Er formuliert die für ihn wichtigen Aspekte des Themas und erste Lehr- und Lernziele.

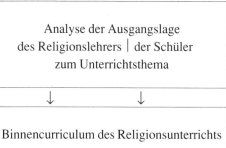

Analyse der Ausgangslage
des Religionslehrers | der Schüler
zum Unterrichtsthema

↓   ↓

Binnencurriculum des Religionsunterrichts

Der Bestimmung und Analyse der Ausgangslage des Religionslehrers entspricht die Schülerausgangssituationsanalyse – kurz »Sasa« genannt. Beide haben Einfluß auf die Zielsetzung, die Inhalte und die Unterrichtsorganisation der Unterrichtseinheit. Eine »Sasa« ohne deutlich sichtbare Folgen im Unterrichtsprozeß ist eine abzulehnende, Zeit und Kraft raubende Arbeitsbeschaffungsmaßnahme.

Wie sehen die Jugendlichen das Thema? Welche Ein-stellungen bringen sie in den Auseinandersetzungsprozeß mit? Von welcher Ausgangssituation aus kann der Weg zum Ziel der Unterrichtseinheit geplant werden? Welche »echten« Fragen zum Thema müssen beantwortet werden? Welche Akzente können in der Unterrichtseinheit für diese Schüler entfallen?

Diese Fragen können – wenigstens annäherungsweise – beantwortet werden, wenn der Mentor eine Stunde »opfert«, damit der Praktikant vor der Konzeption der Unterrichtseinheit eine gezielte »Sasa« erstellen kann.

Diese anfänglichen Arbeiten des Studenten mit den Schülern
– machen sie nicht nur neugierig auf den Unterricht der neuen Lehrkraft, der – so wäre zu wünschen – gemeinsam geplant wird, sondern
– decken auch deren Vorkenntnisse in bezug auf die Thematik auf.

Die »Sasa« will Auskünfte über
– die Lebenssituationen, Motivationen und Lerninteressen und/oder auch -barrieren[4] der Schüler im Hinblick auf die zu unterrichtende Thematik,
– die emotionalen Einstellungen und Verhaltensmuster der jungen Leute zutage fördern.

Nur wer die Ohren, Augen und Herzen der Schüler kennt, mit denen sie in ein Problem verwoben sind, kann mit ihnen zielorientiert arbeiten, Antworten auf ihre Fragen formulieren und ihre Urteilsfähigkeit fördern.

Da eine heterogene Lerngruppe nicht auf ein und demselben Weg Zugang zur Thematik – beispielsweise Altern – hat, sind mehrere Hinwege zu eröffnen. In der »Sasa«-Stunde kommen ca. drei bis fünf Methoden[5] zur Anwendung, z.B.:

1. Mündlich-schriftliche Wege:
Brainstorming auf einen visuellen, verbalen Reiz hin – Auseinandersetzung mit divergierenden Statements, Sprichwörtern, einem Slogan, Fallbeispiel in einer Kurzerzählung, Bildgeschichte, Szene, mit einem provokanten Lied – Weitererzählen einer offenen (Bild-)Geschichte – freies Interview zum Thema... .

2. Schriftlich-mündliche Wege:
Satzergänzungen – Adjektivauswahl – Metaphernübung – Leitfragen zum Thema – Tests zur Erhebung des Vorwissens... .

3. Visuell-gestalterische Wege:
Schülerzeichnung – Collage – Montage – Entwurf eines Plakats – Basteln – Modellieren der Vorstellungen von... .

4. Spielerische Wege:
(In)formelles, problemlösendes Rollenspiel – Entscheidungsspiel – Weiterspielen einer Szene... .

5. Hantierende Wege:
Sammeln, Ordnen, Herstellen einer Rangfolge mitgebrachter Bilder... .

Die hier aufgelisteten Wege sind nicht nur bei der »Sasa«, sondern auch in den Phasen der Motivation, der Problemsicht, der Lösungsversuche und der Lösung oder in der Phase der Festigung, bei den Hausaufgaben bis hin zur Lernerfolgskontrolle zu begehen.

Wiederum nur ein Modell zum Daran-Weiterarbeiten:
Vorbereitung einer »Sasa« für eine fiktive Lerngruppe aus Schülern der Klassen 3 und 4
Thema der Unterrichtseinheit: Altern
Begründung und Integration des Themas in den Lehrplan:
Ein RU[6], der »auf der Grundlage reflektierter Tradition nach dem Ganzen und nach dem Sinn des menschlichen Lebens und der Welt«[7] fragt, ist herausgefordert, auch den Lebensprozeß nach der gesetzlichen Altersgrenze zu thematisieren. Dabei geht es nicht nur um Erkenntnisse und Einsichten in die physische, psychische und soziale Situation der Alten.[8] Gerontologische Wissensvermittlung im RU ist notwendig, auch um die Scheinsicherheit der Jugendlichkeit – die Yavis[9]-Ideologie – aufzubrechen und abzubauen. Die Schüler werden zu einem der Tatsache »Altern« und zu einem den alten Menschen angemessenen Sozialverhalten disponiert. Darüber hinaus will der RU die heute noch jungen Menschen – Kinder – zu einer positiven Haltung gegenüber ihrem eigenen Alternsprozeß anfänglich disponieren. Sie werden mit der Tatsache konfrontiert, daß das Geschöpf »Mensch« eine in keiner Lebensphase zur Disposition stehende Würde besitzt. Weil sie aus der vorleistungsfreien, geschenkten Relation von Gott her und auf ihn hin kommt, sind die Kategorien der modernen Leistungsgesellschaft stets nachzuordnen. Christen klagen die Würde des Menschen in allen Kriegen[10] ein. Die Schüler erhalten in einem gesellschaftskritischen RU das Angebot eines realistischen Deute- und Bewältigungsmusters des natürlich alternden Lebens, das vom biblisch-christlichen Menschenbild geprägt ist.

»Altern« liegt im Inter-esse der Primarstufenschüler. Sie haben Anteil am Älterwerden.[11]

In der Primarstufe wird Altern im Rahmenthema »Ich stoße an Grenzen[12]« zur Sprache kommen müssen, nicht zuletzt, weil viele Erwachsene den Alterungsprozeß verdrängen. Sie bieten der nachfolgenden Generation keine Bewältigungshilfen und Trost für die unabwendbare Grenze an.

Weil es dem anthropologisch gewendeten RU von Anfang an um den ganzen Menschen in der ganzen Gesellschaft – und nicht nur in einer Gesellschaft, die in einen jungen und in einen alten Teil aufgespalten ist – geht, enttabuisiert er durch eine kindgemäße und der Tatsache angemessene Information das Phänomen »Altern«. Er denkt mit den jungen Menschen nicht nur über den erfahrbar begrenzten Lebensvorrat nach, sondern er denkt mit ihnen auch vor, wie sie eine gefaßte Einstellung gegenüber dem unverfügbaren Alterungsprozeß langsam erwerben können.

Zutreffend formulieren die Hessischen Rahmenrichtlinien für die Primarstufe: Der RU »in der Grundschule muß ›Erfahrungen der Endlichkeit‹, die die Kinder machen oder die ihnen zugänglich sind (– wie z.B. auch das Altern; Ergänzung B.J.), aufgreifen und thematisieren und ihnen helfen, damit umgehen zu können. Dabei lernen sie, Grenzerfahrungen immer differenzierter zu analysieren. Durch eine sorgfältige Befragung der Wirklichkeit wird es den Schülern ermöglicht zu erkennen, wie sie sich zu bestehenden Grenzen verhalten können.

Der Religionsunterricht muß es auch als seine besondere Aufgabe sehen, Schüler zu sensibilisieren, Erfahrungen der Endlichkeit und Grenzsituationen nicht von vornherein als unabänderliche und von Gott gewirkte Gegebenheiten anzunehmen, sondern sich für das Heil der Menschen einzusetzen.

Darüber hinaus haben die Schüler ein Recht, von Grenzsituationen zu hören, denen der Mensch ausgeliefert ist, z.B. von Tod, Naturkatastrophen«[13] und nicht zuletzt von Alterungsprozessen.

Methoden der »Sasa«:

1. Freie Assoziation zu dem Bild:

Sammeln der Schülerassoziationen an der Tafel – Strukturierung der Antworten – Feststellung der kommenden Arbeitsschwerpunkte der Lerngruppe.

2. Satzergänzung:

»Alte Menschen sind ...«
Die Schüler schreiben anonym ihre wichtigste Satzergänzung auf einen Zettel. – Der Praktikant wertet sie zu Hause aus und strukturiert danach den kommenden RU.

3. Leitfragen:

Wodurch unterscheiden sich

ein junger Mensch   und ein alter Mensch?

_____   _____

_____   _____

_____   _____

Ein junger Mensch   Ein alter Mensch wünscht sich,
   wünscht sich,

daß _____   daß _____

daß _____   daß _____

daß _____   daß _____

Die Schüler beantworten die Fragen in der Hausaufgabe. – Im kommenden RU sind die Schüleraussagen a) zu verifizieren oder zu falsifizieren; b) als Hinwege in die religiöse Dimension zu verwenden.

4. Polaritätsprofil:
1 = ja, stimmt; 2 = weiß nicht; 3 = stimmt nicht.

Alte Menschen
– sind arm: 1 – 2 – 3
– sind nur noch krank und hinfällig:
– leben wie junge Menschen:
– fühlen sich wohl:
– sind frömmer als junge Menschen:
– sind für manches zu gebrauchen, was junge Menschen nicht können:
– haben nichts mehr zu tun:
– müssen betreut werden:
– sind bemitleidenswert:
...

Das von den Schülern entworfene Profil wird im kommenden RU wirklichkeitsnah korrigiert.

5. Collage:
»So wünsche ich mir Opa und Oma«.
Im RU soll ein realistisches Bild alter Menschen erarbeitet werden, das weder einseitig negativ das Alter darstellt – Abbau, Abnahme und Verlust von Fähigkeiten und Qualitäten – noch einseitig positiv das Leben im Alter erscheinen läßt, sofern nur im Fitneß-Studio Körper, Geist und Seele ordentlich trainiert werden.

6. Ordnen von mitgebrachtem Bildmaterial:
»So möchte ich im Alter sein – nicht sein«.
Der – möglicherweise – schon bei Primarstufenschülern tief verankerte Maßstab »Jugendlichkeit« ist im RU aufzudecken und zu relativieren. Es ist Aufgabe, nach einem altersunabhängigen Maßstab Ausschau zu halten.

7. Weiterspielen einer Szene:

Menschen – junge und alte – drängen sich an der Bushaltestelle. Der Bus kommt, alle steigen ein und bekommen einen Sitzplatz; nur ein alter Mann muß stehen...

a) Wer spielt die Szene als alter Mann weiter?

b) Wie verhalten sich die jungen und alten Menschen, die sitzen?

Das Spiel will das Ehre erbietende, respektvolle Verhalten der Primarstufenschüler gegenüber Menschen, die die Qualität »alt« haben, aufdecken und es gegebenenfalls korrigieren oder begründet weiterführen.

5. Vor dem Fachpraktikum

Das Fachpraktikum Religion beginnt für den Praktikumsbeauftragten des theologischen Fachbereichs lange vor dem Beginn des Praktikums. Kontakte sind zu knüpfen mit den Schulleitungen, die auf Zeit die Studenten in ihr Kollegium aufnehmen, und mit den qualifizierten Mentoren der religionspädagogischen Zunft, die sich für die Nachwuchsförderung engagieren und während der Praxis der Studenten die Hauptlast der Betreuung tragen. Die Mentorengruppe ist zu pflegen und auszubauen wie Kabinettweine! Nicht selten haben verantwortungsbewußte Religionspädagogen Widerstände im eigenen Kollegium zu überwinden, um einen Praktikanten in ihrem Unterricht betreuen zu »dürfen«. Der Hinweis auf das Berufsethos oder die Rechtslage wird von sperrigen Kollegien mit »Überlastung« der Lehrerschaft konterkariert. – An dieser Stelle soll nicht weiter aus dem Nähkästchen eines Praktiumsbeauftragten geplaudert werden.

Dem Studenten ist abzuraten, das Praktikum in seiner alten Schule zu absolvieren. Allzu bekannt sind ihm die Eigenarten der eigenen Penne. Distanz zu Personen und Institutionen kann fehlen. Sie ist aber notwendig, um das Praxisfeld »Schule« und »RU« kritisch zu durchleuchten.

Abzuraten ist auch von einem Praktikum im ersten Schuljahr. Religionslehrer und Schüler müssen erst einmal ihre spezifischen Beziehungen zueinander gefunden haben. Ein Praktikant kann den langsamen Gewöhnungsprozeß stören.

- **Jedes Praktikum hat seine je eigenen Chancen,
  die es zu erkunden gilt**

Der Praktikant wird ca. vier bis sechs Wochen vor der Erarbeitung seiner Unterrichtseinheit persönliche Kontakte zur Schulleitung, zu dem zukünftigen Kollegium und zu seinem Mentor herstellen. In dieser »Schnupperphase« gilt es, Informationen über die pädagogischen Eigenarten des Kollegiums und vor allem über die des betreuenden Mentors und seiner Lerngruppe zu sammeln. Unmittelbare Begegnungen, eigene Informationen sind immer besser als Erzählungen von Kommilitonen, die einen kennen, der an dieser Schule im RU dieses Mentors praktizierte und »so seine eigenen« Erfahrungen machte. Fremderfahrungen müssen nicht immer Weichen in die richtige Richtung stellen.

Um sich in der Behälterarchitektur »Schule« zurechtzufinden, ist nicht selten eine Lektion »Gebäudekunde« zu absolvieren. »Wo finde ich den guten Geist der Schule – den Hausmeister –, den Kopierraum, das Kartenzimmer, die Lehrbuchsammlung, die Schüler- und die Lehrerbibliothek, …?« Auch dieses vorab erworbene Wissen erleichtert den kommenden Weg in den Religionsraum.

- **Hospitationen vor dem Fachpraktikum erleichtern den Bau
  der Unterrichtseinheit**

In der Zeit vor dem eigenverantworteten Unterricht hospitiert der Student. Er lernt, den RU aus einer neuen Perspektive, unbeteiligt, von außen zu betrachten (theoria (gr.) = Betrachten, geistige wissenschaftliche Behandlung). Die Distanz und der Perspektivenwechsel stehen im Dienst der Konzeption der Unterrichtseinheit während des Praktikums. Aus den Beobachtungen und Analysen werden Folgerungen für das eigene Unterrichten gezogen.

Wer gezielt hospitieren will, erstellt einen Sitzplan der Lerngruppe und bittet die Schüler, Namensschilder vor sich aufzustellen.

1. Hospitation: RU sehen und beschreiben

In der ersten Hospitation geht es vor allem um ein neues Sehen von RU. Was der Student sieht, beschreibt er. Eine Beschreibung aber ist keine Analyse, Interpretation oder Bewertung. Diese Schritte können später erfolgen. Um die Mitschrift zu erleichtern, sollten Abkürzungen verwandt werden:

RL	=	Religionslehrer
S	=	Schüler
LV	=	Lehrervortrag
LG	=	Lehrgespräch
TA	=	Tafelanschrieb
AAg	=	Alleinarbeit, arbeitsgleich
PAt	=	Partnerarbeit, arbeitsteilig
GAg	=	Gruppenarbeit, arbeitsgleich
KG	=	Kreisgespräch

Läßt der Student ein Tonband mitlaufen – selbstverständlich werden die Persönlichkeitsrechte[1] der Schüler und des Religionslehrers beachtet –, so wird er überrascht hören, wie komplex ein Unterrichtsprozeß ist und wie selektiv er den gesehenen RU beschrieben hat. Die Komplexität des Lehr- und Lerngeschehens wird noch augenfälliger, wenn der Student eine Videoaufnahme der hospitierten Stunde ansieht. Lehr- und Lernprozesse werden auch durch Gestik und Mimik gesteuert.

Kein Student geht naiv in diese erste Hospitation. An der Universität wurde er mit Aussagen und Begriffen konfrontiert, die ihm nicht selten inhaltsleer blieben. Z.B.: »RU ist von Solidarität geprägt«. Schon etwas konkreter: »Ein Schüler geht im Unterrichtsgespräch auf die persönlichen Fragen eines Mitschülers ein«. In der Hospitation kann sich nun »Solidarität« und »Eingehen auf persönliche Fragen« konkret füllen. – Oder: »Der Religionslehrer kontrastiert verschiedene Meinungen«. Die Aussage klingt in der religionspädagogischen Vorlesung gut, besser aber wäre das Einspielen eines Ausschnitts einer Videoaufzeichnung von RU. Was tut der Religionslehrer konkret bei der Kontrastierung? In der ersten Hospitation stößt der Student auch auf verbale und nonverbale Meinungs-konfrontationen, die es zu beschreiben gilt.

Anregungen zur Spurenfindung:
Beschreiben Sie doch einmal nach Ihrer ersten Hospitation drei bis fünf religionspädagogische Tatbestände, die Ihnen in der Vorle-sung inhaltsleer blieben! Das kann z.b. sein: Der Religionslehrer (=RL) faßt das Unterrichtsgespräch zusammen – Schüler (=S) äußert in der Phase »Problemlösungsversuch« Vermutungen. – RL stellt Hilfsfragen. – RL unterstützt die Schüler bei ihren Formulie-rungsversuchen in der Phase »Problemlösung«. – S stellt eine Problemfrage. – S bejaht die Lösung eines anderen. – RL verneint einen Schülerbeitrag. – RL lobt bei der mündlichen Lernerfolgs-kontrolle. – S sucht Hilfe bei Mitschülern für seine Position. – RL ermutigt in der Motivationsphase einen schweigsamen S. – S verteidigt sich ...

In Hospitationen wird der Lehr- und Lernprozeß anschaulicher und differenzierter.

2. Hospitation: Aktive und passive Kommunikation
Wer sind im RU die Hauptakteure, wer die Schweiger? Die Beob-achtungen haben für den Praktikanten Konsequenzen in der Gestal-tung der Kommunikation und Interaktion seiner Unterrichtseinheit.

Empfänger:	A	B	C	D	E	F	RL	Klasse
Sender: Schüler A	xxx							
Schüler B		xxx						
Schüler C			xxx					
Schüler D				xxx				
Schüler E					xxx			
Schüler F						xxx	3/58	
Religions-lehrer	4/59					2/58	xxx	1/50

76

Zu Stundenbeginn um 8^{50} Uhr (1/50) spricht der RL 8 Minuten die gesamte Klasse an, sodann (2/58) den Schüler F, dieser in der gleichen Minute (3/58) wieder den Religionslehrer, der wendet sich sodann (4/59) Schüler A zu ...

3. Hospitation: Schülerprotokoll

RU vollzieht sich nicht nur »geordnet« zwischen dem Religionslehrer und den Schülern sowie den Schülern untereinander, nicht nur über, sondern auch unter dem Tisch. Was treibt ein vom Mentor als auffällig beschriebener Schüler so alles während der 35 Minuten Netto-RU?:

a) Unselbständige Aussagen: kurze bestätigende, echoartige Aussagen – kurze zurückweisende Aussagen – Aussagen im Zusammenhang: Er liest vor, berichtet, erzählt ...

b) Selbständige Aussagen: kritische Fragestellung – Denkanstoß – Information – Erklärung, Begründung – Einspruch – Stellungnahme – Ergänzung – Kompromißvorschlag – bewußtes Wegführen vom Thema ...

c) Selbständige Führungsimpulse: Unterbreitung eines Vorschlags – Beschwichtigung – Angriff gegen Mitschüler, Religionslehrer – Thematisierung des RU (Meta-Unterricht) ...

d) Störfaktoren: Schüler albert, schwätzt mit ... – räkelt sich – spielt herum – döst vor sich hin – ruft dazwischen ...

e) Nonverbales Verhalten: Schüler meldet sich – zeigt etwas – schreibt an die Tafel – hilft ...

f) Gruppenverhalten: erkennbare positive oder negative (non)verbale Kommunikation mit ...

g) Schülertheologie: Schüler zeigt, daß er (un-)deutliche Vorstellungen vom theologischen Unterrichtsgegenstand hat – äußert Vorurteile, Vor-einstellungen zum Gegenstand – verläßt alte theologische Diktion, sagt »heutig« den Inhalt aus ...

4. Hospitation: Lehrerprotokoll

Bei allen Hospitationen ist es angeraten – nach Zustimmung des Religionslehrers und der Schüler –, einen Kassettenrekorder mitlaufen zu lassen.

Ein Lehrerprotokoll kann u.a. Aussagen machen über:
a) die Fragetechnik: Doppelfragen, Frageketten – inversives Fragen – Problem-, Prüfungs-, Feststellungs-, rhetorische Fragen …
b) die Antworten: echoartig, (non-)verbal abstempelnd – (in)direkt kritisierend – (non-)verbal verneinend …
c) die Darbietungsfähigkeit: (nicht) lebendig vortragend, erklärend, wiederholend …
d) die dominanten Impulse: Bitte – Befehl – Ermunterung – Zurückweisung …
e) die integrativen Lehrerimpulse: er läßt Schüler aussprechen – aufeinander hören – engagiert »Stumme« – bestätigt – arbeitet mit Schülerbeitrag weiter …
f) die Handlungen: er hilft – zeigt etwas – schreibt an – kontrolliert …

Es ist für den Studenten nicht unwichtig zu wissen, wie sein Mentor
– das unterschiedliche Leistungsniveau der Schüler berücksichtigt;
– fehlende Mitarbeit, Unlust und Konzentrationsstörungen der jungen Leute zu überwinden versucht;
– spricht: in einer die Schüler (über-)fordernden Fachterminologie – sakraler »Kirchturmsprache« – schlampigem Alltagsdeutsch.

Der souverän-königliche Religionslehrer,
den niemand und nichts umwirft

Ein Lehrerprotokoll zur Analyse und Bewertung:

Klasse 9, Gesamtschule, RU donnerstags in der 6. Stunde
Thema der Unterrichtseinheit: Kirche und NS-Zeit
Thema der Stunde: Die Bekennende Kirche

Als Einstieg in die Problemsicht zeigte Frau S. der Klasse ein Bild, auf dem ein Kreuz, verbunden mit einem Hakenkreuz, zu sehen ist. Anschließend bat sie die SchülerInnen, sich zum Bild zu äußern (Methode: Brainstorming). Frau S. nahm im Unterricht – und nicht nur in dieser Stunde – oft die Stellung einer Diskussionsleiterin ein. Sie sammelte kommentarlos die Äußerungen der SchülerInnen zum Bild. Die SchülerInnen konnten immer aussprechen. Auch war Frau S. darum bemüht, daß sie aufeinander hören und Beiträge eines Mitschülers selbst aufgreifen und ergänzen. Durch ein langsam entwickelndes, operationalisierendes Fragen (»Wer könnte eine solche Kette tragen?«) nahm sie eine Schüleräußerung auf (»Die Nazis stehen ihres Erachtens über der Kirche.«) und versuchte, die SchülerInnen auf den historischen Hintergrund des Bildes hinzuweisen. Wieder sammelte sie die Aussagen der SchülerInnen. Die wichtigsten Bemerkungen, die diese zum Bild abgegeben hatten, faßte sie nochmals kurz zusammen (»Wir haben festgestellt, daß Bischöfe ein solches großes Kreuz tragen und – wie J. vorhin gesagt hat – die Nazis der Ansicht waren, daß sie eine höhere Bedeutung als ein Bischof hätten.«). Durch weitere Problemfragen wurde die Thematik vertieft: »Was könnte sich ein Bischof dabei gedacht haben, als er sich diese Kette entwarf?« Wieder wurden die SchülerInnenbeiträge gesammelt, z.T. durch Gestik (Kopfnicken) oder ein »Gut«, »Hm, ja« bestätigt. Zum Teil stellte Frau S. Doppelfragen, die die Schülerbeiträge weiterführen sollten. Auffallend war, daß sie meistens selbst die wichtigsten Gedanken wiederholte.

Nachdem das Bild weitestgehend von den SchülerInnen »durchleuchtet« worden war, erklärte Frau S. ihnen den Ursprung des Hakenkreuzes. Zu den Aussagen der SchülerInnen zum Hakenkreuz fügte sie Ergänzungen hinzu. Weitere Informationen zum Bild, die die SchülerInnen nicht wissen konnten, trug sie vor. In diesem Zusammenhang kam sie auf die sog. »Deutschen Christen« und die »Bekennende Kirche« zu sprechen. Sie teilte den SchülerInnen mit, daß sie sich mit dieser Richtung der evangelischen Kirche in dieser Stunde auseinandersetzen wollten (Medien: Text[2], Methode: Gruppenarbeit).

Verbal wies Frau S. SchülerInnen zurecht, die – während sie die beiden Texte über die bekennende Kirche lesen sollten – permanent störten. Aber auch durch Laute wie »scht« oder Gestik (Zeigefinger auf den Mund legen) wurden die SchülerInnen zur Ruhe gebeten. Reagierten diese jedoch noch immer nicht, so kritisierte sie deren Verhalten verbal.

Sie ermunterte die SchülerInnen immer wieder dazu, Fragen zum Text zu stellen, wenn sie etwas nicht verstehen würden, und forderte sie auf, zu ihren Fehlern zu stehen.

Während der Gruppenarbeit ging sie von Tischgruppe zu Tischgruppe und beantwortete Fragen oder gab Ratschläge.

Die Ergebnisse der einzelnen Gruppen wurden am Ende der Stunde vorgelesen.

Bei fehlender Mitarbeit rief Frau S. entweder SchülerInnen auf oder sie schwieg so lange, bis die SchülerInnen dieses von selbst brachten.

Da in der 9. Klasse Religion ein Randstundenfach ist, kam es oft zu Konzentrationsstörungen bei den SchülerInnen. Frau S. versuchte, diese durch ein kurzes Besprechen der jeweiligen Gründe mit den SchülerInnen zu beheben, oder sie nahm »flapsig«/aufmunternd eine Randbemerkung eines Schülers auf, wodurch der Unterricht aufgelockert wurde.

Frau S. sprach mit den SchülerInnen im Religionsunterricht ein »normales« Alltagsdeutsch und keine theologische Fachsprache oder Kirchensprache.

Da es Unterschiede im Leistungsniveau der SchülerInnen gab, beteiligte sie schwache SchülerInnen und ermunterte diese, sich zu melden, vor allem beim Vortragen von Ergebnissen. Sie wurden für ihre Beiträge gelobt, wenn diese den Unterricht weiterführten.

(S. Hamann, L3-Studentin)

– Listen Sie bitte auf, was S. Hamann aus der gesehenen Stunde lernen konnte!
– Welche Kritik haben Sie gegenüber der Religionslehrerin S. anzubringen? Geben Sie Alternativen an!
– Gliedern Sie die protokollierte Stunde in einzelne Unterrichtsphasen!

5. Hospitation: Verlaufsprotokoll

Das Protokoll gibt stichwortartig den beobachteten Stundenverlauf wieder.

Zeit	Phase des RU	Inhaltlicher Verlauf	Lehrerverhalten	Schülerverhalten
	– Motivation	1. Altern – ein biologischer Prozeß	– lehrerzentriert	– aufmerksam
	– Problemsicht	2. – soziologisch	– schülerorientiert	– lebhaft
	– Problemlösungsversuch	3. – …	– kooperativ	– diszipliniert
	– Problemlösung		– das Denken anregend	– kreativ
	– Festigung			– gelangweilt
	– Zusammenfassung		– partnerschaftlich	– denkfaul
	– Hausaufgaben		– anschaulich informierend	– phantasievoll
	– Lernerfolgskontrolle		– Spannung erzeugend	– …
			– …	

Der Student arbeitet die Gliederung der gesehenen Stunde heraus. Es wird ihm deutlich, daß ein Phasen- oder Stufen-Schema den Lehr- und Lernweg zwar gliedert, nicht aber in einem Prokrustesbett martert. Die spontanen Denkbewegungen der Schüler werden ohnehin einem dem Prokrustes verwandten Lehrunhold das Handwerk legen. Acht Unterrichtsphasen in 45 respektive 35 Minuten »durchzuziehen«, ist unmöglich. Einzelne Stufen können durchaus mehr als die Hälfte der zur Verfügung stehenden Zeit in Anspruch nehmen. RU muß nicht immer mit einer Motivationsphase beginnen. Nach einem die vorausgegangene mit der heutigen Stunde verknüpfenden »Scharnier«-Satz kann z.B. sogleich die Phase der Festigung beginnen.

81

Die in den Spalten Lehrer- bzw. Schülerverhalten verwandten Adjektive sind möglicherweise für einen Protokolleser zu schillernd. Deshalb kann es angeraten sein, sie in wenigen Sätzen genauer, von anderem Verhalten abgrenzend zu umschreiben.

6. Hospitation: Lehrplan und Unterricht im Vergleich

Zwischen der amtlichen Lehrplanvorgabe für alle Schüler einer Jahrgangsstufe eines Bundeslandes und dem tatsächlichen RU in einer konkreten Klasse müssen Unterschiede feststellbar sein.

Zur Vergewisserung:
Lesen Sie bitte zu Hause den Lehrplan zur Thematik Ihrer Hospitationsstunde eingehend durch! – Schreiben Sie auf, wie der Religionslehrer die Lehrplanvorgabe in konkreten Unterricht umsetzte! Seien Sie aber nicht verwundert, wenn Sie nur Spurenelemente des Lehrplans wiederentdecken! Warum? – Das sollte ein Gespräch mit Ihrem Mentor verdeutlichen.

- **Der Erwartungshorizont des Studenten beeinflußt den Erfolg des Fachpraktikums mit**

»Wer bin ich?« (S. 15 ff.) gab Hilfen, den Status quo des Praktikanten zu finden. »Was will und kann das Fachpraktikum Religion leisten?« (S. 31 ff.) setzte dem Studenten weitgehend Ziele von außen. Kann er sie für sich persönlich übernehmen? Will er nach dem Fachpraktikum mehr als einen »Schein« erworben haben?

Das Praktikum hat neben der objektiven Seite auch eine – nicht minder relevante – subjektive: Mit welchen (gemischten) Gefühlen geht der Student in das Experiment »RU«? Worauf freut er sich in der kommenden Schulzeit? Auf welche psychischen, pädagogischen und fachwissenschaftlichen Stärken kann er sich erfahrungsgemäß auch unter Streß voll verlassen? Welche Hoffnungen und Ängste müssen artikuliert werden, um mit ihnen umgehen zu lernen? Was erwartet der junge »Religionslehrer auf Zeit« von seinem Fachpraktikum? Welche subjektiv-menschlichen und fachlichen – vor allem religionspädagogischen – Ziele wird er in der kommenden Lehrzeit verfolgen? Welche »Tankstellen« kann der Praktikant anfahren, um Kräfte zu regenerieren?

Hilfe für die Erarbeitung eines Maßstabes:
Nach dem Urteil Ihres Mentors können Sie das Fachpraktikum Religion mit Glanz und Gloria bewältigt haben. Gut, aber das dürfte einem jungen, selbstkritischen Menschen nicht genügen. Ergänzen Sie doch einmal folgende Halbsätze!:
– Das Praktikum ist für mich ein Gewinn, wenn ich ... – ... – ....
– Das Praktikum ist für mich nicht gewinnbringend gewesen, wenn ich ... – ... – ....

In den theologischen Fachbereichen wird in der Regel eine vorbereitende Veranstaltung zum Praktikum (verpflichtend) angeboten. Es ist angeraten, diese nicht nur im Studienbuch stehen zu haben. Da jeder Religionslehrer mit fachfremden und mit Fach-Kollegen zusammenarbeiten muß, wird der Religionslehrerstudent seine Kooperationsfähigkeit bereits in der ersten Ausbildungsphase, bei der Erarbeitung der Unterrichtseinheit für das Fachpraktikum mit – vielleicht anders denkenden und eine ihm fremde religionspädagogische Konzeption vertretenden – Kommilitonen trainieren. Kleingruppenarbeiten ermöglichen Gespräche nicht nur auf der theologisch-religionspädagogischen, sondern auch auf der zwischenmenschlichen Ebene. Das bereichert und stabilisiert den Weg ins und im Praktikum. Sympathische Kommilitonen sind in der Lage, positiv zu konditionieren. In den themenzentrierten Kleingruppen werden Ideen und Materialien ausgetauscht, wird kritisiert und bestätigt. Die Vorbereitung des Fachpraktikums Religion kann ökonomischer vollzogen werden, wenn nicht jeder nur für sich – ohne nach links und rechts zu schauen – seine Unterrichtseinheit aufbaut.
Vor dem Praktikum – spätestens aber, nachdem endgültig das Thema der Unterrichtseinheit feststeht – wird der Student zum

Sammler und Jäger von Materialien, die für seinen RU geeignet erscheinen. Filme, Diareihen, Videobänder, Bilder … sind bei kirchlichen und/oder staatlichen Verleihstellen rechtzeitig zu bestellen, um am Tag vor dem geplanten Einsatz verfügbar zu sein.

6. Der Stoff, aus dem Religions-
unterricht entsteht

Ein akademischer Lehrer fordert seine Studierenden, um sie zu
fördern; er überfordert sie aber nicht, um Entmutigungen zu verhin-
dern. Deshalb sei noch einmal betont, daß das Thema der vom
Studenten selbstverantworteten Unterrichtseinheit während des
Fachpraktikums nicht ohne ihn – gleichsam im Alleingang von
Mentor und Praktikumsbeauftragtem der Universität – festgelegt
werden darf. Der Praktikant muß seine individuellen Erfahrungen
und spezifischen, theologisch-religionspädagogischen Fähigkeiten
in den Lernprozeß einbringen können.
»Warum will ich dieses Problem, diese Frage mit diesen Schülern
erarbeiten? Was ist mir persönlich die Antwort, die Problemlösung
wert, daß ich mich über eine längere Zeit mit einem Thema im
theologischen Unterricht der Schule auseinandersetzen will?« –
Fragen, die die Arbeit begründen, und Antworten, die den Mara-
thonlauf »Fachpraktikum« zu einem erfolgreichen Ende führen.

• **Im Thema des Fachpraktikums Religion kommt »die Sache«
des jungen Lehrers ebenso wie die seiner Schüler zur Sprache**

»Unsere Sache wird hier verhandelt«, werden Schüler in einem auf
sie zugeschnittenen RU erfahren. »Mea res agitur« wird auch der
Lehrer in einem religiösen Lernprozeß, der nicht unabhängig von
seiner Person vollzogen wird, sagen können.

Noch einmal: Thema »Altern«

Das Problem »Älterwerden« stellt sich für den Religionslehrerstudenten bereits vor seiner wissenschaftlichen Beschäftigung mit der »Sache« komplex dar. Die Diskussion z.b. über eine bundeseinheitliche Regelung des Altenpflegesatzes und die zukünftige Sicherheit der Renten oder die Auseinandersetzungen über die Pflegeversicherung decken ihm nicht nur heutige, sondern auch zukünftige sozialpolitische, finanziell-materielle Fragen auf. Um das facettenreich strukturierte Problem »Altern« einigermaßen durchschauen und verstehen zu können, sind Erkenntniselemente der Biologie, Medizin, Psychologie und Soziologie, die sich mit dem menschlichen Alterungsprozeß beschäftigen, zu berücksichtigen.[1] Für einen religiösen Menschen stellt sich bei diesem fundamentalen Problem nicht zuletzt – exemplarisch – die Frage nach der Annahme des natürlichen Alterns und todsicheren Sterbeprozesses. Er steht vor der Grundfrage des Lebens: Bejahe und wie gestalte ich die Hinfälligkeit, die Kontingenz meiner Existenz, die – so glaube ich – in Gott gründet und gehalten ist? Die theologische Antwort kann beispielsweise auf stärker biblisch, systematisch oder moraltheologisch ... orientiertem Weg erfolgen. Der herausgegriffene (=eximere (lat.) ist sprachverwandt mit exemplum = ein aus der Menge gleichartiger Dinge Ausgewähltes, das Beispiel), der exemplarische Weg verliert das Ganze, das Elementare und Fundamentale des Problems »Älterwerden« nicht aus den Augen.

Die »Sache« des älter werdenden Studenten wird im Praktikumsthema »Altern« verhandelt. Die Tatsache und deren Strukturen wird sich der Praktikant bewußtmachen, bevor er seine Unterrichtseinheit der »Sache« nach erarbeitet und das Binnencurriculum für seine Lehr- und Lerngruppe komponiert.

Auf der Seite der Schüler zeigen sich möglicherweise andere Zugänge zum Problem (S. 67) »Altern«. So z.B. die Sprache: Alte Menschen werden Gruftis, Kalkbergwerke, altes Eisen ... genannt. Kinder- und Jugendliteratur, Lesebücher, die Werbung ... stellen nicht selten die Senioren anders dar, als sie tatsächlich sind.[2] Stereotypen werden unkritisch tradiert. Können die Schüler mit alten Menschen – z.B. mit ihren Großeltern – Erfahrungen machen, aus denen deutlich wird, daß Seniorinnen und Senioren in ihrer Lebensführung durchaus selbständig, in ihrer Freizeit vital und kreativ, aufgrund ihrer Erfahrungen als Trösterinnen und Ratgeber kompetent sind? Die Heranwachsenden können erahnen, daß Alte eine Lebensqualität eigener Art haben. Die in Jugendlichkeit verkrallte Gesellschaft aber infiltriert der nachwachsenden Generation – gegen alle gerontologischen Erkenntnisse – die Erklärung des Alters nach dem Defizitmodell. Leben hat – so will es scheinen – heute nur Yavis-Struktur. Ist aber ein 35jähriger Spitzensportler noch jung? Wann ist ein Mannequin (noch) attraktiv? Von welchem Standort aus wird eine Frau als verbal-kommunikativ und intelligent eingestuft? Welcher Maßstab wird angelegt, um eine Person als erfolgreich zu charakterisieren? Schüler, die von früher Kindheit an Veränderungen an sich und ihren Eltern wahrnehmen, oft unter Tränen loslassen und Abschied nehmen von …, an überwindbare und unüberwindbare Grenzen stoßen, unterliegen dem natürlichen, biologischen Alterungsprozeß von Anfang an: eine fundamentale Erfahrung, die der Deutung und der Handlungsdisposition bedarf. Der RU wird den Heranwachsenden von der Primarstufe an die Augen öffnen für die in der heutigen Gesellschaft weit verbreitete, klammheimliche Enteignung des Privatbesitzes »Altern«. Ihr tritt er aufklärend entgegen. Der RU deutet das mehrdimensionale Phänomen »Altern« exemplarisch aus dem Glauben an die angebrochene liebevolle »Herrschaft Gottes«. Diesen Deutestandort – so glauben Christen – fressen weder Motten noch Rost an. Gott liebt sein Abbild – ungeachtet seines Alters – grenzenlos und vorleistungsfrei. Der RU leistet einen Beitrag, junge Menschen lebenstüchtig, alterungsfähig und todesmutig zu machen.

Zur Selbstvergewisserung:
Schreiben Sie doch einmal auf, was für Sie persönlich bei Ihrem Thema
– elementar ist; was die einfachen Strukturen, die nicht zusammengesetzten Sachverhalte, die konstitutiven Bauelemente, Grundformen, Lebenssituationen sind, die mit anderen in einem verstehbaren Zusammenhang stehen;

– das Fundamentale darstellt; was für Sie die grundlegenden Strukturen, Kategorien dieser zu erarbeitenden Wirklichkeit sind; die Grunderfahrungen und -erlebnisse sein können, die in dem Auseinandersetzungsprozeß ausgelöst werden;
– exemplarisch ist, stellvertretend für anderes ausgesucht wird.
Eine exemplarische Beschäftigung mit dem Thema erarbeitet das Elementare am Exemplar, und an ihm wird das Fundamentale sichtbar.

• **Ohne Sacherarbeitung »läuft« das Binnencurriculum nicht**

Der Anfang vom Ende des Fachpraktikums Religion ist erreicht, wenn sich der Student nicht gediegen über die »Sache« seines Lehrprozesses informiert. Oberflächliche, sogenannte »Schwellenvorbereitungen« lassen den Praktikanten nicht nur in den Religionsraum stolpern, sondern sie können sogar halsbrecherisch enden. Die Schüler finden sehr schnell heraus, ob ihr neuer Religionslehrer »im Stoff steht« oder bei jeder Querfrage mit der Stange im Nebel herumstochert.

Das andere Extrem ist eine Seminarvorbereitung, bei der der Student Spezialprobleme erarbeitet, den für seinen RU charakteristischen großen Bogen aber aus dem Auge verliert. Er erscheint dann vielleicht seinen Schülern als kleiner, kluger Theologe, ganz gewiß aber findet er nicht die Kommunikationsebene, um RU für diese konkrete Lerngruppe fruchtbar werden zu lassen. Ausgangspunkt der Sacherarbeitung des Studenten ist der für das betreffende Bundesland verbindliche Lehrplan für das Fach Religion. Dieser listet unter der Thematik u.a. ausgewählte und begrenzte Inhalte im Hinblick auf Lehr- und Lernprozesse auf. Das fachwissenschaftliche Gerüst ist zunächst zur Kenntnis zu nehmen. In vielen Fällen bedeutet das für den Berufsanfänger »Nachstudium«, ersten Kontakt mit dem theologischen und humanwissenschaftlich relevanten Unterrichtsgegenstand. Die Kommentare zu den Lehrbüchern[3], die sich dem Landeslehrplan oder – dem »Grundlagenplan für den katholischen Religionsunterricht im 5. bis 10. Schuljahr« folgend – mehreren Landeslehrplänen verpflichtet wissen, oder die Sachinformationen, -analysen in den publizierten Unterrichtsmodellen, -skizzen, -entwürfen[4] geben dem Praktikanten Hinweise, dem Unterrichtsgegenstand fachwissenschaftlich auf die Spur zu kommen.

Wie bei einem Fertigbauhaus die Räume innerhalb der Vorgaben je nach dem Bedürfnis der Menschen, die sich in ihren vier Wänden heimisch fühlen wollen, vergrößert oder verkleinert, umgestaltet werden können, so ist auch eine Veränderung des amtlich vorgegebenen Lehrplans möglich. Die Inhalte der Unterrichtseinheit sind
– im Hinblick auf die konkrete Lerngruppe zu modifizieren. Vom Praktikanten werden begründet inhaltliche Umstellungen oder Auslassungen vorgenommen. So können sich dann die Schüler in den Inhalten wiederfinden. Sie haben Anteil an der aufgeworfenen Frage. Sie sind inter-essiert (interesse (lat.) = dazwischen sein, von Interesse, Wichtigkeit sein).

Die inhaltliche Vorgabe des Lehrplans ist möglicherweise sogar
– zu renovieren, d.h.: Aufgrund des Bedingungsfeldes des RU, der Ausgangssituation der Lerngruppe (S. 65) sind neue Inhalte in die geplante Unterrichtseinheit aufzunehmen. Das kostet den Praktikanten weitere fachwissenschaftliche Investitionen. Er studiert die »Sache«. Er liest mit zwei Brillengläsern: mit dem eines Fachtheologen und mit dem Augenglas eines Religionspädagogen, der mit den fachwissenschaftlichen Bausteinen religiöse Lernprozesse dieser konkreten Klasse in Gang und zu einem erfolgreichen Ende bringen will.

Nach einer Zeichnung von CORK

Einige Anfragen zur Erleichterung der Sacherarbeitung:

– Wo ist das Thema laut Lehrplan theologisch und humanwissenschaftlich verortet?
– In welche überschaubaren Schritte gliedert der Lehrplan die zentralen Inhalte des Themas?
– Welche Schwerpunkte können festgestellt werden?
– Ist bei aller Verbundenheit des RU und bei aller notwendigen Zusammenarbeit mit den Humanwissenschaften in dem Lehrplanthema ein spezifisches theologisches Profil zu erkennen?
– Welche Sinn- und Sachzusammenhänge sind nicht nur innerhalb des Themas der Unterrichtseinheit, sondern auch zu vorausgegangenen und zukünftigen Themen erkennbar?
– Wo begrenzt der Lehrplan das Thema fachwissenschaftlich korrekt?
– Sind die »Schnittstellen« für diese konkrete Lerngruppe nach außen oder nach innen zu verlegen?
– Welche wirklichen Lebenssituationen, Erfahrungsbereiche, Alltagssituationen der Schüler werden in das Wechselgespräch mit der Theologie gebracht?
– Ist den vorgeschlagenen Inhalten eine »echte« Bedeutsamkeit für die Gegenwart und die absehbare Zukunft der Schüler zu entnehmen?
– Wofür stehen die Inhalte exemplarisch?

Diese Anfragen des Studenten an die Inhalte des Lehrplans provozieren, von verschiedenen Standorten aus, sich um die Gegenstände zu bemühen, sie eifrig zu betreiben (lat.: studere). Die fachwissenschaftliche Erarbeitung eines Themas mit den Augen eines Lehrenden ist – möglicherweise – die größte Motivation, noch intensiver die Fachwissenschaften Exegese, Dogmatik, Moraltheologie, Kirchengeschichte … zu studieren.

Häufig überschneiden sich Themen aus dem Religionslehrplan mit Themen anderer Fachbereiche, z.B. Geschichte oder Gesellschaftslehre. Um unverantwortliche Doppelungen – ein klassisches Beispiel ist »Reformation« im Geschichtsunterricht und im RU, der nicht das theologische Profil verdeutlicht – zu vermeiden, ist der Blick über den theologischen Tellerrand unabdingbar. Die Lektüre fremder Lehrpläne bringt einen Religionslehrer nicht selten auf neue Ideen. Mit Nicht-Theologen Absprachen zu treffen und mit ihnen gegebenenfalls zu kooperieren, ist vom ersten Tag des Unterrichtens an einzuüben. Die von Studierenden eingeklagten Fehler ihrer Professoren, keine fächerübergreifenden Seminare anzubieten, müssen sich ja nicht im Schulhaus reproduzieren.

• Die fachdidaktische Vorbereitung setzt beim Lehrplan ein

Ein Berufsanfänger ist überfordert, soll er das gesamte Binnencurriculum einer Unterrichtseinheit eigenständig konzipieren. Nachdem der Praktikant »im Stoff steht«, wird er

– die Intentionen/Ziele, die der Lehrplan für seine Unterrichtseinheit vorgibt, prüfen, ob sie in dieser Lerngruppe zu erreichen sind. Das mag auf den ersten Blick vielleicht noch für das weitgefaßte Ziel der Unterrichtseinheit zutreffen. Jedoch, Vorsicht ist geboten: Vom Ziel der Unterrichtseinheit her werden die Ziele der einzelnen Unterrichtsstunden bestimmt.

– die Ziele der einzelnen Unterrichtsstunden und die Ziele einzelner Phasen aufgrund des Bildes der Klasse, der Schülerausgangssituationsanalyse und der den Schülerinnen und Schüler angemessenen Inhalte mit aller Wahrscheinlichkeit für die konkrete Lerngruppe neu formulieren. »Lernziele drücken in aller Regel den Wunsch oder das Postulat aus, die SchülerInnen mögen alles das, was der planende Lehrer an intentionalen, inhaltlichen und methodischen Aussagen und Analyseergebnissen erarbeitet hat, sich in irgendeiner Weise zu eigen machen.«[5] Führen die aufgestellten Stundenziele stimmig zum Ziel der Unterrichtseinheit?

Religionspädagogen sind gewiß keine Lernzielfetischisten, aber sie legen großen Wert auf präzise Planung und Durchschaubarkeit der Lehr- und Lernprozesse. Überlegungen, wohin der Unterrichtsweg führen soll, und schriftliche Lernzielformulierungen, die

1. den Lerngegenstand genau bestimmen,
2. ein im Vergleich zum Anfang verändertes (konkretes, eindeutig beobachtbares) »Verhalten« der Schüler am Ende des Lernprozesses anzugeben sich bemühen,
3. die Bedingungen nennen, unter denen die Schüler zu arbeiten haben,
4. die Mindestanforderung für eine noch ausreichende Leistung angeben,

sind auch heute, in »nachcurricularer Zeit, in der zu Recht eine exakte Operationalisierung der Lernziele nicht mehr das Gewicht hat wie zu Beginn der curricularen Wende der Religionspädagogik, immer noch eine gute Ausgangsbasis zielstrebigen Lehrens und Lernens im RU, der einem offenen Curriculum verpflichtet ist und nicht ausschließlich im kognitiven, sondern gleichrangig im affektiven und nicht zuletzt im psycho-motorischen Lernbereich arbeitet«.[6]

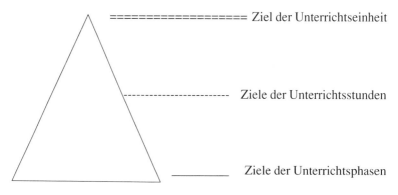

=================== Ziel der Unterrichtseinheit

---------------------- Ziele der Unterrichtsstunden

_____ Ziele der Unterrichtsphasen

G. Egle listet beispielhaft Ziel-Verben auf, die schwerpunktmäßig das Schüler-Verhalten auf dem Lernweg artikulieren:

»a) Verhalten, das eher im religiösen Handlungsbereich liegt; es drückt die Beziehung zur Schöpfung, zum Mitmenschen, zu Gott und zu sich selbst aus:

• Wahrnehmen (sehen, greifen, hören, berühren, tasten, empfinden, fühlen...) — In einer Naturalien-Meditation Früchte mit allen Sinnen wahrnehmen.

- erleben (ergriffen, berührt sein, sich einfühlen, staunen, erschrekken, etwas erleiden, sich freuen.)

  Durch eine Erzählung vom Vertrauen Jesu zu seinem Vater berührt sein.

- jemandem begegnen

  Über eine erlebnisstarke Erzählung in Petrus einem Menschen begegnen, der vom Heiligen Geist erfüllt ist.

- meditieren (tiefer erkennen, nachsinnen, verinnerlichen, sich versenken, vergegenwärtigen, mit/nachvollziehen…)

  Anhand eines Bildes über den Baum als Symbol des Lebens meditieren.

  In einer Einzelarbeit, mit Hilfe einer Geschichte (mit Fragen) über die Hoffnungserfahrungen des Menschen nachsinnen.

- Beziehung zu anderen, zur Schöpfung, zu Gott verbal und/oder nonverbal bekunden

  Dankbarkeit über die Schöpfung in einer Geste und einem selbst formulierten Gebet zum Ausdruck bringen.

  Einem traurigen Schüler Trost spenden.

- beten, kultische oder liturgische Handlungen (mit/nachvollziehen, religiös feiern)

  Bei der Planung einer Erntedankfeier mithelfen.

  Für Notleidende auf etwas verzichten.

  An einer caritativen Aktion durch Geldspende teilnehmen.

b) Verhalten, das eher auf kognitive Lernprozesse hinweist:

- identifizieren (Wahrnehmen, Erlebnisse, Begegnungen; beschreiben, wiedererkennen…)

  Schöpfungsakte Gottes erkennen und benennen.

  In einem Lehrer-Schüler-Gespräch Leben beschreiben, das von Gott ausgeht.

- verstehen (Erlebtes, einfache Zusammenhänge, Metaphern, symbolische Aussagen, Symbole…; mit selbstgewählten Worten erklären, interpretieren)

  Erklären, warum Menschen Gott für Äpfel danken.

- sich eines Problems bewußt sein (Erlebnisse, Beziehungszusammenhänge, Wirkzusammenhänge)

  Probleme, die sich durch selbstsüchtiges Verhalten für die Klassengemeinschaft ergeben, herausfinden.

  In einem Gespräch herausfinden, in welcher Weise Christen ihre Freude und Dankbarkeit über die Schöpfung Gottes bezeugen.

- auf eine allgemeine oder spezielle Situation übertragen
- an einem Beispiel aufzeigen
- ein Beispiel dafür finden

- analysieren (Zusammenhänge aufdecken, herausfinden, unterscheiden, überprüfen, zuordnen, kategorisieren…)

  Anhand eines Bildes den Zusammenhang zwischen Licht – Gott und dem eigenen Leben erklären.

- Lösungen, Abläufe entwickeln, erfinden, herstellen

  Innerhalb einer Gruppenarbeit herausfinden und aufschreiben, wie christliche Schüler mit Früchten umgehen sollten.

• Pläne für Operationen, Aktionen entwerfen	In einer schriftlichen Einzelarbeit die Bedeutung Gottes als Licht- und Lebensspender für das eigene Leben beschreiben.
• Die innere Klarheit, äußere Kriterien von Sach-, Beziehungs-, Sinnzusammenhängen beurteilen, sie begründen, sie diskutieren	In einem »Streitgespräch« begründen, warum Christen Gott für geerntete Früchte danken. In der Klasse darüber diskutieren, warum sich Christen zu Gott, dem Licht- und Lebensspender, bekennen.

c) Verhalten, das eher affektiv-emotionalen Charakter hat und dem Verinnerlichen von Werten dient:

• aufnehmen (sich damit beschäftigen, aufmerksam werden, offen sein, sensibel sein…)	In einer Meditation auf Schöpfungsakte Gottes aufmerksam machen. Sich im Gespräch mit Klassenkameraden mit eigenen Erwartungen, die das Verhalten anderer betreffen, beschäftigen.
• akzeptieren (zugestehen, zuhören, beachten…)	Der Erzählung vom »Barmherzigen Vater« bereitwillig zuhören.
• annehmen	Im Gebet Schöpfungsakte dankbar annehmen.
• etwas aktiv aufnehmen	Sich in einem Rollenspiel mit den Erwartungen, die das Verhalten anderer betreffen, auseinandersetzen.
• sich mit etwas auseinandersetzen	Gott im Gebet als barmherzigen Vater ansprechen.
• fördern (vertiefen)	Zum Erntedankfest in die Pfarrkirche gehen.

- sich engagieren
- etwas bewerten
- schätzen

- Wertordnungen aufstellen (präferieren, wünschenswert halten)

Verhalten, das man von anderen erwartet, für die eigene Lebensführung als erstrebenswert erachten (drei Gründe dafür nennen): Den Wert der Schöpfung für das eigene Leben charakterisieren und danach leben; mit Blumen sorgsam umgehen. Verhalten, das man von anderen erwartet, für das eigene Leben geltend machen.«[7]

Zur Auseinandersetzung:

Klasse: 3/4

Thema der Unterrichtseinheit: Ostern

Thema der 8. Unterrichtsstunde: Auferstehung – künstlerisch dargestellt

Ziel der Unterrichtsstunde:

Die Schüler sollen sich durch eine Bildbetrachtung und das Malen eigener Auferstehungs-Bilder bewußt werden, was Auferstehung für sie bedeutet.

Feinziele:

– Die Schüler sollen mit dem Bild »Auferstehung« von A. Manessier[8] konfrontiert werden und es anhand folgender Impulse interpretieren:

a) Welche Farben kommen in dem Bild häufig vor?

b) Was drücken diese Farben aus?

c) Welche Formen kann man erkennen?

d) Was fällt in dem Bild sofort auf?

e) Wie wirkt das Bild?

f) Was ist das Besondere an dem Bild von Manessier?

– Die Schüler sollen die Farbsymbolik des Bildes kennenlernen und die Farben nennen, die für Tod und für Leben stehen können.

– Die Schüler sollen mit Wasserfarben ihr eigenes Auferstehungsbild malen.

– Die Schüler sollen eine Möglichkeit finden, wie sie mit dem schwarzen Pappkreuz und ihren Bildern darstellen können, daß Jesus die Macht des Todes besiegt hat.

(S.Schmidt, L1-Studentin)

1. Wenn Sie als Mentor von Frau Schmidt die Lernziele der 8. Stunde der Unterrichtseinheit »Ostern« ausschließlich formal zu besprechen hätten, auf welche Positiva und Negativa der Lernzielformulierungen müßten Sie hinweisen?
2. Können Sie nachweisen, ob das fachdidaktische Nachdenken der Praktikantin – ihr Bemühen um das Elementare, Fundamentale und Exemplarische – sich in den Zielformulierungen niedergeschlagen hat?

Nachdem der RU seine inhaltliche Struktur in der fachwissenschaftlichen Vorbereitung erhielt und die Lernzielpyramide geplant wurde, sind jetzt Überlegungen zur Unterrichtsorganisation, zum methodischen Vorgehen und zur Medialisierung des RU anzustellen. Nicht wenige Lehrpläne schweigen sich über die Unterrichtsorganisation aus. Die Frage »Wie und womit unterrichte ich?« hat jeder Praktikant für sich zu beantworten. Er befindet sich gleichsam auf freiem Feld. Hier kann er seinen Ideenreichtum, seine Kreativität und seine Kenntnis aus den religionspädagogischen Lehrveranstaltungen und nicht zuletzt aus der Lektüre von Unterrichtsmodellen und praxisnahen Publikationen[9] ins Spiel bringen.

7. Wie und womit unterrichte ich?

Das Binnencurriculum des RU folgt dem Modell von W. Schulz, der Fragen der Intentionalität und der Thematik eines Lernprozesses zusammen mit den Wegfragen – der Methodik und der Medienwahl – sieht. Der Vertreter der »Berliner Didaktischen Schule« betont das Angewiesensein der Ziele auf geeignete Mittel; umgekehrt ist die Wahl zweckmäßiger Verfahren abhängig von den jeweils gesteckten Zielen.[1] Wer das »Was« und das »Wie« des RU[2] voneinander trennt oder sie sogar gegeneinander ausspielt, kann die medialisierten Inhalte und die gemeinsamen Ziele nicht freisetzen.

Der fromme Medienexperte

Der Praktikant, der seine Schüler kennt und an ihre Lebenssituation anknüpft (S. 55), vermag den jungen Leuten den Mehr-Wert von Religion und Glaube methodisch variantenreich und ihnen entsprechend medialisiert anzubieten. Der Lebenswert der Inhalte der Guten Nachricht wird dann auf den gemeinsamen Lernwegen deutlich, wenn häufiger Methodenwechsel jeden Ansatz von Monotonie und Langeweile im Keim erstickt. Die Unterrichtsorganisation verdeutlicht, welche Spiritualität den Religionslehrer trägt. »Das Evangelium erschöpft sich nicht in Inhalten, sondern ist auch ein Lebensstil, der die Freude über die Frohe Botschaft, die Erleichterung über eine große Befreiung zum Ausdruck bringt.«[3]

- **Das Pro-Schüler-Unternehmen »Religionsunterricht« orientiert sich an der Pädagogik Gottes, der Menschen befreit, ganz bejaht und sich mit ihnen solidarisiert**

Der RU soll – so der Tenor der Zielformulierung der Würzburger Synode – »zu verantwortlichem Denken und Verhalten im Hinblick auf Religion und Glaube befähigen«.[4] Kann dann eine Methodik dieses Faches[5] dem Ziel des Emanzipatorisch-Religiösen nicht verpflichtet sein, »wobei sie zugleich dem theologisch- kirchlichen und dem allgemein-didaktischen Rahmen gerecht wird.«?[6]
In den Orientierung gebenden Erziehungsprozeß des RU geht immer das biblische Gottes- und Menschenbild ein.[7] Der Gott, an den christliche Religionspädagogen glauben und an dem sie sich orientieren, ist ein die Menschen freisetzender, sie emanzipierender Gott. Der Name des Mannes aus Nazareth – Jeschua (d.h. Befreiung) – ist Programm. Persönlichkeiten sind respektiert. Frei, kritisch und offen erarbeiten sie sich in Auseinandersetzung mit der Guten Nachricht einen eigenen Deute-Standort und ein individuelles Handlungs-Modell. Wie der Jahwe-Gott sich Zeit nimmt mit den und für die Menschen auf ihren individuellen Lebenswegen, so läßt auch der Religionspädagoge bei seinen Schülerinnen und Schülern langsame Entwicklungen – d.h. auch Rückschläge und Umkehrungen – auf dem Lernweg zu. Junge Menschen müssen nicht geradlinig, gespurt auf das Ziel-Ende zulaufen.

Der Gott, an den Christen glauben, hat eine ver-rückte Schwäche für die Menschen. Sie nimmt der »Für-Menschen-Gott« vorleistungsfrei an – so wie sie nun einmal sind. Vorbehaltlos liebt er die Menschen mit all ihren Fähigkeiten. Gott bejaht sie ganz. Entspricht dieser geschenkten Vorgabe eine ganzheitliche religiöse Erziehung in der Schule? Schafft der Religionspädagoge seinen Schülerinnen und Schülern die notwendigen Weg-Bedingungen, damit es ihnen möglich ist, das zu werden, was in ihnen steckt?

Schülerorientierter RU ist nicht ausschließlich ein Denkprozeß. Der Mensch besteht nicht nur aus Kopf. Seine Augen lesen und bearbeiten nicht nur Texte[8], um dahinterschauen zu können. Ein Bild[9], Foto, Plakat, eine Zeichnung, Grafik, Karikatur, Collage, Montage sagt oft mehr, als tausend Worte es vermögen.[10] Der Schüler hat auch Ohren, um »hindurch zu hören«, mehr zu erspüren von der letztlich unbestimmbaren, Definitionen sich entziehenden Wirklichkeit.[11] Der Heranwachsende hat eine Stimme, um sich musikalisch zu artikulieren.[12] Jeder hat ein Herz, mit dem oft besser als mit dem Verstand gesehen und etwas in Bewegung gesetzt werden kann. Besinnung[13], das »Wiederkauen« (lat. ruminatio) z.B. eines »schmackhaften« biblischen Wortes ist besonders in einer Zeit, in der »Angst Seele aufessen« (R.W. Faßbinder), Nahrung. Ruminatio-Meditatio macht überlebensfähig. Wo denn sonst als im RU soll diese Überlebenskunst angeboten werden, wenn in den Elternhäusern bedenkende Stille und Gebet ausfallen? Die jungen Leute haben Hände, die begreifen[14], und nicht zuletzt Füße, durch die »Kopf-Einsichten« in verändernde Aktionen für … oder gegen … überführt werden.[15] Ganzheitlichkeit religiöser Erziehung[16] darf nicht nur ein gut klingendes religionspädagogisches Schlagwort sein, besonders dann nicht, wenn Christen die Inkarnation Gottes in Jesus, dem Christus, ernst nehmen. Das Mensch-Werden nimmt eine Verkürzung des Lernens auf den Intellekt nicht widerstandslos hin. Bleibt das Prinzip der Ganzheitlichkeit im RU unbeachtet, sind Folgeschäden über die Schulzeit hinaus vorprogrammiert.

Im Praktikum kann der Student Alternativen zum vertexteten RU[17] experimentieren. Wagt er es nicht, macht er möglicherweise nichts verkehrt, aber den größten Fehler.

Check-up:
Prüfen Sie doch einmal Ihre Stundenentwürfe, wo Sie noch varian-
tenreicher die Augen, Ohren, Stimmen, Herzen, Hände und Füße
Ihrer Schülerinnen und Schüler durch Bilder, Musik, Stille und
Aktionen beanspruchen und fördern können!

Wenn W. Klafki als generelle Zielbestimmung des Unterrichts formuliert:»den Lernenden Hilfen zur Entwicklung ihrer Selbstbestimmungs- und Solidaritätsfähigkeit (...) zu geben«[18], dann gilt dies auch für das Fach, das in der Solidarität (solidare (lat.) = fest zusammenfügen) des heruntergekommenen Gottes fundiert ist. Das wechselseitige Verbunden- und Verpflichtetsein der Menschen ist nicht nur Gegenstand, Inhalt des RU, sondern ein unverzichtbares religionspädagogisches Prinzip gemeinsamen religiösen Lernens. Das Helferprinzip, das für den Lehrer letztlich in dem »Gott-für-Menschen« gründet, wird im RU praktiziert. Es ist pädagogisch unverantwortlich und gegen den zentralen Inhalt des RU, Menschen halbtot (vgl. Lk 10, 30-37) – auf den Lernwegen gescheiterte Schüler – liegen zu lassen, ihnen keine neue Chance mehr zu geben, auf das gemeinsame Ziel hin weiter mitzugehen, es mit eigenen Kräften, unterstützt von den anderen, zu erreichen.

• Das Subsidiaritätsprinzip bestimmt den Lehr- und Lernweg

Das Prinzip der Subsidiarität[19], der »Hilfe aus Reservestellung«[20], wird im alltäglichen RU zu wenig beachtet. Es ist dem (Be-)Lehrer oft nicht bewußt, daß die beste Hilfe für seine Schüler die Hilfe zu ihrer Selbsthilfe ist. Nur so können die Heranwachsenden ihr Grundrecht auf freie Entfaltung der Persönlichkeit[21] wahrnehmen. Der Subsidiar religiöser Lernprozesse in der Schule wird konsequent gegen seine Berufskrankheit – die Vielrederei, den nicht unabdingbaren Lehrervortrag – ankämpfen. Vom ersten Tag seines Unterrichtens an übt der Praktikant verbale und gestisch-mimische Verweigerungstechniken ein, damit die Schülerinnen und Schüler eigenständig ihre Denk- und Handlungswege finden.

»Selbst lernt der Schüler« müßte als Sinnspruch über dem RU-Raum stehen, in dem autonome Lernprozesse[22] in Allein-, Partner- und Gruppenarbeit[23] angebahnt werden. Daß für eine arbeitsgleiche oder arbeitsteilige Gruppenarbeit eine Veränderung der Sitzordnung notwendig ist, darf den Studenten nicht davon abhalten – vielleicht gegen den gewohnten RU –, diese der Individual- und Sozialnatur junger Menschen entsprechende Sozialform zu praktizieren; vor allem dann, wenn ein vielgeschichteter Unterrichtsgegenstand zu erarbeiten ist.

Ein Angebot zur Reflexion:
Bitte füllen Sie aufgrund Ihrer konkreten Unterrichtsvorbereitung folgendes Schema aus!

Sozialform:	a	b	c	d	e	f
Alleinarbeit						
– arbeitsgleich						
– arbeitsteilig						
Programmiertes Lernen						
Partnerarbeit						
– arbeitsgleich						
– arbeitsteilig						
Gruppenarbeit						
– arbeitsgleich						
– arbeitsteilig						
Frontalunterricht						
Unterrichtsgespräch						
a) Besondere Merkmale: ———↑						
b) Sitzordnung ————↑						
c) In meinem RU besonders geeignet für: ———↑						
d) Rolle der Schülerinnen und Schüler: ————↑						
e) Rolle des Religionslehrers: ————————↑						
f) Möglichkeit, allen Schülern die Arbeitsergebnisse zu vermitteln: ——————————↑						

Aufgrund langer Gewöhnungsprozesse wird die Lerngruppe frustriert sein, wenn »der Neue« – anstatt lang und breit in einem Lehrervortrag zu informieren – die Schülerinnen und Schüler selbständig beobachten und kritisch prüfen läßt; Denkrichtungen nicht vortrassiert, sondern zum Selbstdenken, zum eigenständigen Heraus-, Durch- und Bearbeiten eines theologischen Problems auffordert; nur wenige Hilfsmittel bereitstellt und lieber mit dem arbeitet, was die Schüler in ihren RU mitbringen; die Schüler – ganz ungewohnt – die Verfahren festlegen läßt.

Schüler schulen um. Sie verlagern den Mittelpunkt der Lehr- und Lerngemeinschaft auf sich. Sie wollen aus Objekten des Unterrichtenden Subjekte ihres gemeinsam verantworteten Lernprozesses werden. Selbstverständlich sind bei diesem Joint-venture zeitaufwendige Trial-and-Error-Prozesse zugelassen, Lernum- und -irrwege erwünscht, ja sogar vom Praktikanten zu planen. »So geht's nicht! Wir müssen umkehren, neu ansetzen«, ist ein intellektueller, pädagogischer und spiritueller Zugewinn.

Jeder vernünftige, auf Innovationen bedachte Mentor erkennt die Chance für seinen RU nach dem Praktikum, wenn ein junger Kollege eine Selbsttherapie gegen Lehrerzentrierung und -dominanz – positiv gesagt: ein Training für die Selbständigkeit, Selbstbestimmung und Selbstverantwortung seiner Schüler – beginnt.

Ein probates – zugegebenermaßen banales – Heilmittel ist der tägliche Blick in den Spiegel: Der Lehrer sieht, er hat einen Mund, aber zwei Ohren. Das bedeutet, daß er z.B. in einem Unterrichtsgespräch doppelt so viel hören als reden sollte. Gelingt dies?: Ein Kommilitone mißt mit einer Schachuhr »gnadenlos« die Redezeit der Schüler und die des Praktikanten. Schon wenn es pari steht, hat der Lehrer verloren. Er verliert nochmals, wenn seine Schüler ihn zwar hören, seine fremde (Fach-)Sprache aber nicht verstehen.

Die Regeln der Themenzentrierten Interaktion[24] (TZI) erleichtern dem auf Veränderungen hinarbeitenden Studenten eine dialogisch-argumentative Kommunikation im RU. Spielräume eröffnen sich, selbständig Probleme zu lösen.

R.C. Cohn[25] entwickelte einen Weg, wie Menschen – psychosomatische Wesen – sowohl sach- und themenorientiert als auch lebendig und ganzheitlich lernen können. Weder die intellektuellen noch die emotional-affektiven Bedürfnisse der Lerngruppe kommen bei der TZI zu kurz. Die den strukturierten Auseinandersetzungsprozeß über Religion und Glaube bestimmende Grundregel lautet: »Be your own chairperson!« »Sei für dich selbst verantwortlich! Du bist für den Erfolg oder Mißerfolg der Kommunikation (mit)verantwortlich. Versuche in dem Gespräch zu geben und aus ihm zu nehmen, was du selbst zu geben und zu nehmen bereit bist! Rede und schweige, wann du willst!« Dieser Appell nimmt die Schüler und den Religionslehrer in die Pflicht, Subjekte ihrer Arbeit[26], ihres Lehrens und Lernens zu werden. In einem themengebundenen Unterrichtsgespräch nach den Regeln der TZI ändert sich die Rolle des Religionslehrers.

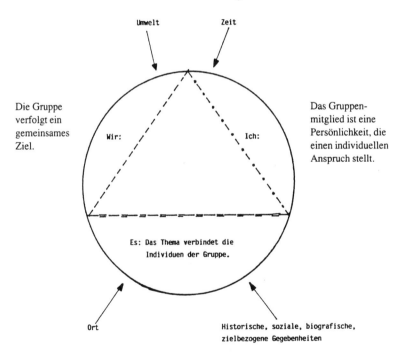

»Die themenzentrierte interaktionelle Gruppe bemüht sich um Bewußtwerdung und Förderung des Ich-Potentials, der Wir-Kohäsion und der Themen- und Aufgabenerfüllung. Das strukturelle Bild der

Themenzentrierten Interaktion (TZI) ist daher das Ich-Wir-Es-Dreieck: die Verbindung dreier Punkte von gleicher Wichtigkeit – Individuum, Gruppe und Thema –, das sich in der gegenseitigen Umgebungskugel, dem Globe, befindet.«[27]
Nur anfänglich ist der Lehrer alleiniger Hüter der Es-, Wir- und Ich-Interessen. Nach einiger Zeit haben die Schüler gelernt, selbst die dynamische Balance zwischen den drei Größen aufrechtzuerhalten und der jeweilig vernachlässigten Seite zu ihrem Recht zu verhelfen. Das von R.C. Cohn beabsichtigte »Living-learning« vernachlässigt keineswegs die Umstände des Lernprozesses, die Um- und Mitwelt der interaktionellen Lerngruppe. Dem Ort und der Zeit des RU – z.B. in einer Eckstunde zwischen Amperemeter und Bunsenbrenner – wird Rechnung getragen.

- **Binnendifferenzierung im Religionsunterricht fordert die Selbständigkeit und Selbsttätigkeit der Schüler heraus**

Heranwachsende Persönlichkeiten wehren sich gegen overprotection im Elternhaus und gegen »Frisörmeister« im RU, die ihnen religiös-christliche Frisuren verpassen wollen, die jugendlichen Gesichtern nicht stehen, nicht lebensfördernd sind. Die Schülerinnen und Schüler wollen ihre spezifischen produktiven Kräfte respektiert wissen sowie herausgefordert und gefördert werden. Sie lernen dann am besten, wenn sie lebensnah, anschaulich und vernetzt lernen können. Eigenes Denken und Handeln, Einsehen und Folgern sind für sie ertragreicher als Lernprozesse unter einem Vordenker und -macher.

Der Praktikant wird in seiner Lerngruppe erst gar nicht die Rolle eines Vorarbeiters übernehmen und einüben. Gezielt läßt er den jungen Mitarbeitern Leerstellen bei ihren Wegebauarbeiten. So schafft er Denkbaustellen, Lehrwerkstätten des Lebens. Der Student traut den aktiven und produktiven Kräften seiner Schüler etwas zu und fordert deren Eigeninitiative heraus, weil er an der Universität selbst erfuhr, wie aufbauend solches Vertrauen ist. Die Heranwachsenden sind genötigt, sich mit ihrem Kopf – mit entdeckenden Augen, wahrnehmenden Ohren und mit streitfähiger Vernunft –, ihren Händen und Füßen engagiert auf den Weg zu machen. Das stärkt das berechtigte Bestreben der jungen Menschen, sich selbst entfaltend zu verwirklichen. Die Schülerinnen und Schüler wählen sich anbietende, alte Denkbausteine aus und ziehen Konsequenzen ihrer Wahl. Neue Denk- und Verhaltensmuster werden erprobt; die einen zur eigenen Person für passend befunden, andere begründet abgelehnt. Im Laufe der Zeit stellt sich dann eine Flexibilität ein, auf Herausforderungen person- und sachgerecht zu reagieren.

Wer kreativ, konstruktiv-planerisch arbeitet, macht selbstverständlich auch Fehler. Dafür aber legt sich nicht über ihn der Staub der Langeweile und Gleichgültigkeit, der seine Teilhabe an der Werde-Welt behindert, die der Deutung und des Handelns bedarf.

»Die heterogene Schülerschaft ist eine crux«, so die Meinung nicht weniger überstrapazierter Religionslehrer. Kann auch in diesem Kreuz Heil gesehen werden? – Ganz gewiß!

Keine RU-Thematik kann nur als monolithischer Block in seiner ganzen Breite, Länge und Tiefe eine Wegstrecke bewegt werden. Sowohl die fachwissenschaftliche als auch die fachdidaktische Vorbereitung (S. 91) läßt den Studenten humanwissenschaftliche und theologische Strukturen, unterscheidbare Sinn- und Bedeutungsschichten des Themas erkennen. Die das Ganze konstituierenden Teile, an denen jeweils zugepackt werden kann, kommen zutage. So läßt es sich in kooperativer Auseinandersetzung bewältigen. Wer aus dem »Bild der Klasse« und aus der Analyse der Schülerausgangslage die heterogene Lerngruppe kennt (S. 55), kann sich auch bei der Unterrichtsorganisation die subjektiven und objektiven Interessen der Schülerinnen und Schüler dienstbar machen.

Eine Binnendifferenzierung der Lerngruppe fördert die Einzelpersönlichkeiten und wird dem vielschichtigen, mehrdimensionierten Problem gerecht. Bei der Unterrichtseinheit »Altern – Sterben – Auferstehen« in der Sekundarstufe I z.B. müssen neben den theologischen auch bio-medizinische, psychologische, soziologische, ökonomische, juristische, sozialpolitische, künstlerische, musikalische und nicht zuletzt handlungsorientierte Elemente ins »Spiel«

kommen. Das sind genügend Ansatzpunkte, um jedem Schüler die Möglichkeit zu geben, sich einzubringen. Der große Bogen der Unterrichtseinheit wird in Arbeitsteilung zwischen Expertinnen und Experten erstellt. Die in der Lerngruppe vorhandenen individuellen Begabungen und Interessen sind herausgefordert. Die Schülergruppen können ihren kompetenten Beitrag leisten, das gesamte Thema auf die Schiene zu bringen. Neben dieser

1. Differenzierung nach den Lerninteressen kann

2. differenziert werden nach der Zeit.
Die unterschiedlichen (außer-)schulischen Beanspruchungen der Schülerinnen und Schüler bei realem Handeln – z. B. bei explorativen Aufgaben –, bei simulativem Handeln – z.B. bei Experten-Hearings – oder bei produktivem Gestalten – z. B. beim Entwerfen einer Hörszene in Gruppenarbeit – werden berücksichtigt. Die Heranwachsenden üben sich ein, einen persönlichen Arbeitsplan zu erstellen und nach ihm ohne Zeitdruck zu arbeiten. Es ist nicht einzusehen, daß immer alle Arbeitsergebnisse der Schülergruppen bis zu einem einheitlich festgelegten Zeitpunkt vorliegen müssen.

3. Die Differenzierung nach dem Niveau
vermag nicht nur in Gesamtschulen den »sachstrukturellen Entwicklungsstand« (H. Heckhausen) der Schüler einer Jahrgangsstufe zu berücksichtigen. Der Student kennt aus seiner Vorbereitung das unumgänglich harte Gestein der Thematik und dessen interessante Vertiefungen und Verästelungen. Die Analyse der Schülerausgangslage informiert ihn über den sachstrukturellen Entwicklungsstand der jungen Leute. Diese Vorarbeit zahlt sich jetzt bei der Niveaudifferenzierung aus. Schüler, die noch nicht weit fortgeschritten sind, haben grundsätzlich alle Dienstleistungen für den Bau des gemeinsamen Unterrichtsbogens zu erbringen, die sie zu leisten imstande sind. Ihre Mitarbeit wird so lange in Anspruch genommen, wie es ihre Kräfte nicht überfordert. Sobald aber die erbetenen Arbeiten ihr Niveau übersteigen, übernehmen Schüler höheren Leistungsniveaus die weitere Arbeit. Das ist keineswegs

Signal zum Abschalten der ersten Gruppe. Kontrollfragen an sie zeigen z.b., wo auf dem Unterrichtsweg noch weiter zu elementarisieren ist. Während die einen Schüler das unumgänglich notwendige Basiswissen methodisch variantenreich – z.b. durch visuell-gestalterische Arbeiten – festigen und einüben, wird den anderen interessierendes Zusatzwissen mit neuen Lernanreizen angeboten.

4. Differenzierung nach Lernmustern

Menschen fragen nach Sinn, Werten und Normen nicht auf ein und dieselbe Weise. Die vierte Differenzierungsmöglichkeit macht sich die vielgestaltigen Zugänge zunutze. Der Religionspädagoge bietet unterschiedliche Wege, Bearbeitungsverfahren an, mit deren Hilfe die Schüler in den Auseinandersetzungsprozeß verstrickt werden. Wege der Musik, der bildenden Kunst, der Architektur ... führen oft schneller zum Ziel, als ein anspruchsvoller theologischer Text.

Differenzierungen im RU sind den Mitlernenden zu erklären. Ein informierender Unterrichtseinstieg ist angeraten. Er»hat die Funktion, den Schülern die Ziele und den Plan der Stunde transparent zu machen. Die Schüler bekommen so die Chance, Stellung zu nehmen und sich bewußt mit der Lernarbeit zu identifizieren oder sich zu distanzieren.«[28]

Von der Integrationsfähigkeit des Praktikanten hängt es ab, ob seine Schülerinnen und Schüler am Ende des differenziert gestalteten, arbeitsreichen Lernweges eine Einheit in der Vielheit entdecken. Vielheit in Einheit heißt aber keineswegs, daß in ihr Farben nicht hart nebeneinander stehenbleiben. Abstand ist notwendig, um das Ganze eines Bildes zu sehen. Um seine Facetten miteinander verbinden zu können, ist Zeit ruhigen, gelassenen Bedenkens erforderlich.

Lernergebnisse der Schüler zu integrieren, ist eine Fähigkeit, die sich erst im Laufe der Lehrjahre einstellt. Sie ist auch ein Ergebnis erworbener theologischer Fachkompetenz. Die Integrationsfähigkeit verschiedener Lernwege und -ergebnisse erwächst nicht zuletzt der Spiritualität des Lehrers: Er will mit und von seinen Schülern lernen. Sensibel öffnet er sich einer anderen, jungen Problemsicht und -lösung. Die Schüler fühlen sich ernst genommen. Ihre selbständig erarbeiteten Ergebnisse werden akzeptiert.

Hornvieh kann mit Gewalt in die »richtige« Richtung gezogen werden, nicht aber eigenständige Persönlichkeiten, die ein Recht und die Würde haben, ihren Weg kreativ zu gestalten. Rechthaberische Selbstbehauptung kommt auf der Methodenpalette von Menschen, die zusammen mit anderen Christ-Werden lernen, nicht vor. Kraftvoll arbeiten sie auf eine Einheit in versöhnter Verschiedenheit der Deutung und des Handelns hin.[29]

Anregungen für eine bunte Methodenpalette:
- *Schreiben Sie bitte in Ihren Stundenentwürfen zu jeder unterrichtsorganisatorischen Maßnahme eine mögliche Variation auf!*
- *Bedenken Sie, wo in Ihrer Unterrichtseinheit die vier vorgestellten Differenzierungsmöglichkeiten berücksichtigt werden können!*

8. Wie baut sich der große Bogen der Unterrichtseinheit auf?

Die Materialien zum Bau des Unterrichtsbogens – die Inhalte, Ziele, Methoden und Medien – der Unterrichtseinheit liegen bereit.

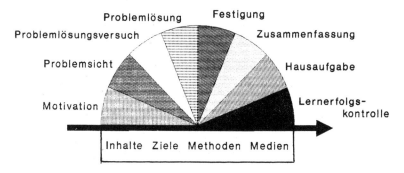

Das hier angebotene Phasenmodell ist eine neben vielen Möglichkeiten, den Lehr- und Lernweg zu strukturieren. Es ist kein starres Aufbauschema. Der Praktikant möge es einmal experimentieren, auf seine Person hin verändern und verbessern, möglicherweise auch begründet verwerfen.

- **Ein Phasenmodell ist eine Orientierungshilfe, um folgerichtig von einer konkreten Ausgangslage zum Ziel der Unterrichtseinheit zu gelangen**

1. Motivation
Motivation (movere (lat.) = bewegen) ist hier nicht als kurze unterrichtsorganisatorische Anschubskraft, als »Aufhänger« nach dem

Motto »Mit der Bild-Zeitung rein in den RU – raus mit der Bibel« zu verstehen. Motivation ist die für den Lernprozeß notwendige »Erhaltungsenergie«, gespeist aus der für diese konkreten Schüler exemplarischen, fundamentalen und elementaren »Sache«. Motivation – auf vielfältigen Wegen betrieben[1] – verwebt die Schüler nachhaltig in die Problemstellung, die Frage, die Thematik der Unterrichtseinheit.

Daß die Teilhabe, das Inter-esse der Schülerinnen und Schüler zu Beginn des Lernweges besonders deutlich zu akzentuieren ist, dürfte wohl jedem klar sein. In der Motivationsphase überwinden Verwunderung und Staunen, Betroffenheit und Provokation erzeugende Methoden und Medien die anfängliche Verhältnislosigkeit der Schülerinnen und Schüler gegenüber dem Thema. Auf Dauer angelegte Kontakte zwischen den Schülern und dem Unterrichtsgegenstand werden geknüpft. Das Denken der jungen Mitwirkenden, ihre Fragehaltung und Suchdynamik für den intellektuellen und emotional-affektiven Auseinandersetzungsprozeß kommen in Gang.

Religion wird zweistündig – vielerorts aber aufgrund sog. »Sachzwänge« nur einstündig – in der Woche erteilt. Durch dieses Time out schwindet Motivation. »Treibstoff« ist nachzufüllen, damit die Lerngruppe nach zwei, drei oder sogar nach acht Tagen wieder in Fahrt kommt und wiederentdeckt, warum sie dieses Thema, ihr Problem, ihre Frage engagiert bearbeiten (muß) will.

2. Problemsicht

Bevor die Schülerinnen und Schüler und der Praktikant ans gezielte Arbeiten gehen, müssen sie die Struktur des zu lösenden Problems klar vor Augen haben. Sie machen in der Phase »Problemsicht« eine Bestandsaufnahme. Es wird den am Lehr- und Lernprozeß Beteiligten bewußt, was an verwendbarem »Sachgestein« vorhanden ist und auf welchen Wegen welche neuen »Sachen« zu erarbeiten sind. Probleme werden gesehen z.B. durch einen informierenden Unterrichtseinstieg des Religionslehrers, durch ein Schüler- oder auch Lehrerreferat, durch ein Hearing, an dem schulfremde Experten – z.B. ältere Menschen als Zeitzeugen – teilnehmen, oder durch das

Einspielen eines Ausschnitts einer Rundfunk- oder Fernsehsendung, durch die Konfrontation mit einer Karikatur, die mit spitzer Feder das Problem aufspießt[2], oder durch ...

In dieser zweiten Phase geht es gleichsam um die Erarbeitung des Fahrtenbuchs eines Rallye-Teams, mit dessen Hilfe das Ziel angesteuert, das Problem der Unterrichtseinheit einer Lösung – oder mehreren Alternativlösungen – nähergebracht wird.»Sind wir noch auf Kurs, oder haben wir uns in ein Problemgestrüpp verdacht?« Eine Antwort ist von der Station »Problemsicht« zu erhalten.

3. Problemlösungsversuch

In dieser Phase ist das eigenständige Arbeiten und Denken der Schüler voll herausgefordert. Der Religionslehrer hat in diesem harten, aber fairen Auseinandersetzungsprozeß »nur« noch die Funktion eines Moderators (S. 104). Die Schüler argumentieren, lehnen Lösungen ab oder modifizieren einen Vorschlag. Sie finden Kompromisse – keine ruhigstellenden, faulen Übereinkünfte. Es ist ein Zeichen von hoher Streitkultur des RU, wenn sich Alternativen herauskristallisieren und gleichwertig nebeneinander stehenbleiben.

4. Lösung

Nach eingehender Prüfung – Lösungsversuche können, ja müssen manchmal auch in Stille bedacht[3] oder durch experimentierendes Handeln erprobt[4] werden – bleibt möglicherweise »die Lösung« des Problems übrig. Muß es für einen dialogisch-argumentativen RU, der den Schülern »in erster Linie hilft, ihre Identität zu finden, selbstbewußt zu werden und ihr Lebenskonzept zu entwickeln«[5], nochmals betont werden, daß es durchaus mehrere Lösungen, Handlungsmuster, Deutestandorte der Wirklichkeit gleichen Rechts geben kann? Im RU, der zu eigenverantwortetem Denken und Verhalten im Hinblick auf Religion und Glaube junge Menschen befähigen will[6], werden weder junge Persönlichkeiten noch ihre Meinungen vereinnahmt oder »kirchlich frisiert«. Dies zeigt sich auch im methodischen Vorgehen – nicht nur in der Lösungsphase. Es ist grundsätzlich als frei und tolerant, eigenständig und ganzheitlich zu charakterisieren[7].

5. Festigung

Trassierte Wege sind mehrfach befestigt, um Wind und Wetter oder Beanspruchungen durch schweres Gerät standzuhalten. Auch im RU sind erarbeitete Denk-, Handlungs-, Deutewege und Problemlösungen zu festigen. Einüben und erinnerndes Wiederholen stehen im Dienst der Sequentialität. Einmal erarbeitete Lernergebnisse müssen in einem folgenden Schuljahr ohne große Mühen wieder aufgenommen werden können.

Der Praktikant darf sich in seinem RU nicht scheuen, mit seinen Schülern zu üben. Sie haben

– die neu erworbenen Kenntnisse und Fertigkeiten zu reproduzieren,
– ihr neu erworbenes Wissen unter einer neuen Fragestellung zu reorganisieren,
– verallgemeinerte Erkenntnisse und Lösungsstrategien auf passende Situationen zu transferieren,
– ihre geschulte Kreativität in neuen Herausforderungen sich bewähren zu lassen.

Die Grundregel des Festigens lautet: in Intervallen, kurz, aber kräftig.

Das Festigungs-Programm beginnt in der Schule, sodann üben die Schüler selbständig zu Hause, nach ca. einer Woche kontrolliert im RU, sodann wieder selbständig und kontrolliert gegen Ende der Unterrichtseinheit, vor der Lernerfolgskontrolle.

In der Festigungsphase erlahmt die Motivation weniger, wenn manuell-gestalterisches, szenisch-spielerisches Arbeiten, ein Engagement für ... oder eine Aktion gegen ..., ein Wettbewerb[8] oder ... auf dem Programm stehen. Es muß ja zur Festigung nicht immer das Aus- bzw. Inwendiglernen herangezogen werden.

Zur Konkretion in der Unterrichtseinheit:

– *Listen Sie einmal drei bis fünf Unterrichtsinhalte Ihrer Einheit auf, die wegen ihres exemplarischen Charakters besonders nachhaltig von Ihren Schülern eingeübt werden müssen!*
– *Ordnen Sie sodann jeweils unterschiedliche Methoden und Medien zu, mit und an denen geübt werden soll!*

6. Zusammenfassung

Nach einem größeren Stück Arbeit vergewissert sich die Lehr- und Lerngemeinschaft:»Was haben wir geleistet?« Der bewußtgemachte Erfolg ist die beste Motivation zur Weiterarbeit.»Was ist noch zu tun? Packen wir's an!« Zusammenfassungen müssen nicht immer vom Religionslehrer geleistet werden. Mündige Schülerinnen und Schüler können das nach einiger Übung ebensogut. Der Praktikant wird auch in der Phase der Zusammenfassung sowohl schriftliche als auch visuell-gestalterische, spielerische und handelnde Wege anbieten[9]. Nach zwei oder drei Stunden der Unterrichtseinheit kann z.b. eine Pressekonferenz zum Thema»Altern« angesagt sein, oder die Schüler erstellen eine Wandzeitung.

7. Hausaufgabe

Hausaufgaben allgemein haben keine gute Presse.»Hausaufgaben sind doof. Millionen Kinder stöhnen über die Schularbeiten, in vielen Familien hängt der Haussegen schief, weil Eltern Lehrer spielen müssen. Dabei bezweifeln immer mehr Fachleute den Sinn der häuslichen Büffelei.«[10] Bei den»Hausaufgaben für den lieben Gott« (O-Ton einer Vierzehnjährigen) potenziert sich das Problem – besonders für den Praktikanten.

Probleme sind bekanntlich da, um sie zu lösen: Der Praktikant stellt in seinem RU quantitativ begrenzte und qualitativ hochstehende[11] Hausaufgaben, nicht um»Hausfriedensbruch« (G. Kerschensteiner) zu begehen, sondern um Kopf und Hand, Herz und Füße seiner Schüler zu aktivieren. Die Arbeitsaufträge verbinden den schulischen mit dem außerschulischen Lernort und die in ihnen zu machenden spezifischen religiösen Erfahrungen. Sie eröffnen Zugänge zur mehrdimensionalen Wirklichkeit. In explorativen Hausaufgaben z.B. erfahren die Schüler divergierende theologische Positionen. Christ-Werden ist nicht einfach, sondern vollzieht sich vielfältig, pluriform. Eine Einheit in Vielheit wird deutlich. Die in das zielorientierte Arbeiten des RU integrierten Hausaufgaben werden selbstverständlich methodisch variantenreich und – z.B. nach der Zeit – differenziert (S. 106) gestellt.

Zur Konkretion in der Unterrichtseinheit:
Formulieren Sie bitte jetzt schon drei Hausaufgaben, die
a) am Anfang der Einheit Ihre Schüler nachhaltig motivieren, sich
mit dem Unterrichtsinhalt auseinanderzusetzen;
b) eine kommende Stunde vorbereiten. – Die Schülerarbeiten werden dann gezielt in den Lehr- und Lernprozeß einbezogen;
c) das in einer RU-Stunde Erarbeitete im außerschulischen Lebensbereich der Schüler anwenden und/oder erproben!

8. Lernerfolgskontrolle

Der Mentor spiegelt in den Stundenbesprechungen den Lehrerfolg des Praktikanten wider. Dieser erhält Auskunft über die Wirkungen seiner Arbeit. – Wirkungen des Lehrens sind aber auch auf seiten der Schüler zu registrieren.

Selten hat der Praktikant vor seiner zweiten oder dritten Ausbildungsphase die Chance, Lernerfolge seiner Schülerinnen und Schüler a) zu messen, b) sie zu beurteilen, c) zu benoten und d) die Schüler zu beraten, wie sie noch bessere Lernerfolge im kognitiven, affektiven und psychomotorischen Lernbereich erbringen können. Ergibt sich die Möglichkeit, nach der Unterrichtseinheit eine Lernerfolgskontrolle durchzuführen, sollte sie wahrgenommen werden. Der Berufsanfänger lernt die im Fach Religion damit verbundenen Probleme basisnah kennen und sie zu reflektieren.[12]

Ein kleines Binnencurriculum ist zu konstruieren:[13]

– Welches Ziel verfolgt der Praktikant mit der Lernerfolgskontrolle?

– Welche Inhalte werden geprüft?

– Welche Methoden sind zu wählen?

– Welche Medien sind geeignet, die Schüler herauszufordern, ihr Wissen und Können zu reproduzieren, Reorganisations- oder Transferleistungen zu erbringen und individuelles, problemlösendes Denken und Kreativität zu dokumentieren?

Der Praktikant hat zu entscheiden, welchen Beurteilungsmaßstab er bei der Prüfung des abgefragten Wissens, der dokumentierten Erkenntnisse, der nachgewiesenen Arbeitstechniken und der eigenständigen Urteilsfähigkeit der Schüler anlegt. Das kann nicht die

»Gauß'sche Käseglocke«[14] sein. Im RU sind die operationalisierten Lernziele der für diese konkreten Schüler gestalteten Unterrichtseinheit der Maßstab. Wie nahe kommen die einzelne Schülerin und der einzelne Schüler an diese Ziele heran?

Aufgrund des Anforderungsgrades ist bei jeder Aufgabe eine bestimmte Punktzahl zu erreichen. Die Festlegung der Note erfolgt durch Division der in der Arbeit zu erreichenden Punkte durch 6, in der gymnasialen Oberstufe durch 15.

Mit dem Messen, Beurteilen und Benoten der Schülerleistungen ist es aber nicht getan. Eine Beratung der – vor allem der weniger erfolgreichen – Schüler schließt sich an. Der Religionslehrer bringt sie auf die Spur, wie sie bei nachfolgenden Lernerfolgskontrollen ein besseres Ergebnis erzielen können.

Und noch ein Rat: Kein Test, keine Arbeit, keine Probe sollte den Schülern zugemutet werden, bevor sie der Religionslehrer nicht selbst durchgeführt und aufgeschrieben hat, was er bei den einzelnen Teilaufgaben erwartet.

Der große Bogen der Unterrichtseinheit ist am Schreibtisch des Praktikanten gebaut. Im folgenden ist er wieder zu segmentieren. Die einzelnen Stunden werden konstruiert. Das erfordert vom Studenten Einfühlungsvermögen in die Leistungsstärke seiner Schüler und Flexibilität bei der unmittelbaren Planung des Lernweges.

- ## Ein Aufzeichnungsschema des Religionsunterrichts ist kein Raketen-Countdown

Es gibt eine Fülle von Möglichkeiten, eine RU-Stunde übersichtlich, Orientierung gebend aufzuzeichnen.[15] – Allen Schemata ist gemein, daß sie nicht die Augen und Ohren des Praktikanten während seines Unterrichtens und des Lernprozesses der Schüler verschließen. Der Unterrichtende bleibt – trotz seines durchdachten und begründeten Fahrplans – offen für seine Schüler, die z.B. unvermutete Erfahrungen einbringen, eine neue Perspektive des Themas artikulieren, nicht vorausgesehene Handlungsvorschläge machen oder in eine nicht geplante Richtung denken.

Das vorliegende Schema wird ad experimentum vorgeschlagen.

1. Formalia
   - Name des Religionslehrers
   - Thema der Unterrichtseinheit
   - Thema der Stunde
   - Jahrgangsstufe
   - Tag
   - Zeit
   - Raum
   - Schultyp

2. Bild der Klasse
3. Schülerausgangslage zum Thema der Unterrichtseinheit
4. Fachwissenschaftliche Erarbeitung des Themas der Stunde
5. Fachdidaktische Erarbeitung
6. Grobziele der Stunde und ihre Integration in die Zielsetzung der Unterrichtseinheit
7. Stundenschema

1. Vorgesehene Zeit für die einzelnen Unterrichtsphasen	2. Unterrichtsphasen	3. Feinziele der Unterrichtsphasen	4. Inhalte	5. Methoden	6. Medien: Lehr- und Lernmittel	7. Inhalte, Methoden, Medien der Lernerfolgskontrolle

1. Motivation
2. Problemsicht
3. Problemlösungsversuch
4. Problemlösung
5. Festigung
6. Zusammenfassung
7. Hausaufgabe
8. Lernerfolgskontrolle

8. Literaturangabe

118

Jeder angehende Religionslehrer hat sein Aufzeichnungsschema zu finden, mit dem er sich wohlfühlt, in dem er sich vor allem aber während des Unterrichtens schnell informieren kann. Eine allgemein verpflichtende Patentlösung gibt es nicht. Jedoch, während des Fachpraktikums sollte eine Möglichkeit einmal durchgängig experimentiert werden, um sie dann auf die eigenen Bedürfnisse hin modifizieren oder begründet ablehnen zu können.

Ein vierseitiger, karierter Kanzleibogen (DIN A 3) hat das richtige Format, um eine RU-Stunde übersichtlich aufzuzeichnen.

Eine größere Schwierigkeit dürfte dem Praktikanten die Angabe der vorgesehenen Zeit für die einzelnen Unterrichtsphasen bereiten, denn er hat – selbstverständlich – noch wenig Gespür, wie lange (Be-)Denkzeit junge Menschen benötigen. Überladene Stundenentwürfe und – daraus resultierend – sogenannte Überhänge sind am Anfang der Lehrzeit ganz normal. Es ist davon auszugehen, daß eine Unterrichtsstunde maximal 40 Minuten dauert, in der Regel aber nur 35 Minuten Netto-Arbeitszeit hat. Die vorgesehene Zeitdauer in der 1. Spalte des Schemas – 5 Minuten-Einheiten sind angemessen – ist immer flexibel zu handhaben. Die Schüler bestimmen vorrangig die Arbeitszeit – nicht aber ihre Versuche, den Praktikanten vom Hölzchen aufs Stöckchen zu bringen. Bei zu frühem Erreichen des Stundenziels sind eine Festigung oder Zusammenfassung (S. 114) des Erarbeiteten nicht als »Lückenbüßer« abzuqualifizieren.

Erfahrungsgemäß kann in einer Unterrichtsstunde nach einer kurzen Motivationsphase für den kommenden Auseinandersetzungsprozeß ein Segment – möglicherweise auch zwei – des Unterrichtsbogens bearbeitet werden.

Viel Zeit ist für die Problemlösungsversuche und die Phase der Problemlösung zu veranschlagen.

Die Hausaufgaben müssen nicht immer 10 bis 5 Minuten vor Unterrichtsende zunächst mündlich gestellt, von den Schülern nachgefragt, dann vom Religionslehrer an die Tafel an einen festen Ort geschrieben und von den Schülern ins Hausaufgabenheft notiert werden. »Es ist durchaus sinnvoll, auch schon innerhalb des Unterrichtsverlaufs eine Hausaufgabe zu stellen, wenn der Zusammenhang zwischen dem Unterrichtsgeschehen und den Hausarbeiten den Schülern besonders deutlich vor Augen ist.«[16] Hausaufgaben-Besprechungen und -Kontrollen – aber bitte nicht nur durch den Lehrer; Schülerinnen und Schüler können dies auch! – finden immer dann statt, wenn in dieser Stunde die Arbeiten ein notwendiger Baustein des Lernweges sind.

Das über Jahre hin gepflegte monotone Eröffnungsritual des RU »Begrüßung – möglicherweise immer wieder dasselbe Gebet – Hausaufgabenkontrolle – Motivationsphase« ist nicht immer pädagogisch zu rechtfertigen.

»... und hilf auch dem Atheistenbengel zum rechten Glauben, Amen!«

Die Inhalte und vor allem die Methoden der Stunden werden »kleingearbeitet« aufgezeichnet. – In der Methodenspalte wird der Praktikant seine Abkürzungen (S. 75) konstant verwenden.

Auch in der 6. Spalte können Abkürzungen verwandt werden. So z.B.: AB 1 = Arbeitsblatt Nr. 1, das dem Unterrichtsentwurf beiliegt. – Die genauen Quellenangaben der eingesetzten Medien stehen in den Fußnoten. – Die Tafel ist immer noch das am häufigsten gebrauchte Medium. Sie hat eine Struktur:

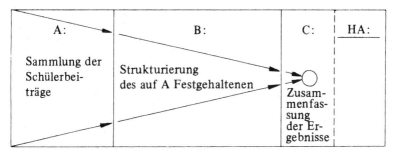

Aus allen, nicht nur aus den letzten in Spalte 7 aufgelisteten Inhalten, Methoden und Medien wird zu gegebener Zeit die Arbeit, der Test, die Probe zusammengestellt.

9. Während des Fachpraktikums Religion

Durch das Fachpraktikum des berufsbezogenen Studienganges »Theologie« wird die Forderung des Deutschen Bildungsrates erfüllt: »Bestandteile der Ausbildung für alle künftigen Lehrer sind die Beobachtung und Analyse der Schulwirklichkeit während der Ausbildung und eigene Unterrichtsversuche auf der Basis der jeweils gewonnenen Einsichten. Nur dadurch kann Theorie wirklich begriffen und Praxis kritisch verstanden und auf Verbesserungsmöglichkeiten hin überprüft werden.«[1] (S. 74). Das konstituierende und strukturierende Element »Fachpraktikum« kann und will nicht das Referendariat ersetzen.[2]

Für einen Religionslehrerstudenten ist die Schulwirklichkeit sowohl ein Studien- als auch ein Handlungsfeld. In seinen Praxisversuchen während des Fachpraktikums bewährt sich – möglicherweise auch nicht – die religionspädagogische Theorie.

Bei Eintritt in die Werkstatt »Schule« übernimmt der Praktikant eine Doppelrolle. Dieser kann er anfänglich bestimmt nicht ganz gerecht werden. Wie für die Bretter, die die Welt bedeuten, so auch für den RU, bei dem Welt und Gott auf dem Spiel stehen, ist jede Rolle einzuüben. Bei Doppelrollen erhöht sich die Anstrengung. Zwei Profile hat der Praktikant herauszuarbeiten:

– Er ist Lehrer und Pädagoge. Das Niveau seines RU darf nicht gravierend unter dem des Vorgängers liegen – nicht zuletzt, weil Eltern zu Recht Klage führen und kommende Praktika für unerwünscht erklären könnten. Seine Schülerinnen und Schüler erwarten eine junge Persönlichkeit, die – wenigstens ansatzweise – theologische Sachautorität besitzt und über religionspädagogische Kompetenz verfügt. Mit ihm kann man nicht kumpelhaft auf der Du-Schiene kommunizieren.

– Der Praktikant ist auch Schüler, dessen Lehrweg der Mentor kritisch-konstruktiv begleitet. Schüler-Sein heißt aber nicht, dem Mentor mit vorauseilendem Gehorsam zu folgen, sondern sich selbst und die eigenen Lehrwege kennen- und sehenzulernen, zu deren genauer Beschreibung der Mentor Orientierungshilfen gibt.

- **Die Hauptaufgabe im Fachpraktikum Religion: unterrichten – reflektieren – verändern**

Das Unterrichten ist so vielfältig, wie es Praktikanten im Fach Religion gibt. E. Meyer führt eine zutreffende Analogie zwischen Unterrichten und authentischem Jazzen an: »Musik lebt – wie Unterricht – in der Bewegung; ihre Formen sind Verlaufsformen, ihre Grundstruktur ist dynamisch. Musik muß – wie Unterricht – immer neu entstehen, das Thema muß immer neu interpretiert werden. Die Formen der Interpretation sind – wenn sie sich durchhalten – Stile.«[3] Im RU geht es wie im Jazz »nicht darum, daß die Mitglieder der Band so homogen wie möglich spielen. Der ›leader‹ achtet nicht darauf, daß sich jeder Jazz-Solist einem allgemein verpflichtenden Klangbild anzupassen versucht. Er läßt jedem Musiker seinen eigenen Ton. Was dieser in der Gruppe auszusagen hat, ist daher in einem ganz unmittelbaren, elementaren Sinne ›wahr‹ und ›echt‹. Ein bekannter Jazz-Musiker drückt es folgendermaßen aus: Jazz ist, wenn du spielst, was du fühlst und denkst. Darin liegt in der Hauptsache der Charakter des Jazz, der im weiteren mit dem Begriff ›Improvisation‹ besonders gekennzeichnet ist. Es handelt sich hier um den persönlichen Ausdruck des Improvisierens auf dem festen Grund eines Themas, das durch das Arrangement gegeben, nun phrasierend umspielt, ergänzt, vertieft, weitergeführt wird. Der einzelne Spieler hat sich also nicht einem einzigen Willen unterzuordnen; für einen Jazz-Musiker ist es vielmehr Voraussetzung, daß er selbst beweglich und bereit zum Dialog bleiben kann.

Es herrscht aber dadurch kein Chaos, kein schrankenloser Individualismus, der Regeln und Gesetze mißachtet. Das Arrangement hindert nämlich den Individualismus der Gruppenmitglieder daran, ›schrankenlos‹ zu werden. Umgekehrt: die Improvisation verhindert, daß eine starre ›Masse‹ entsteht. Jeder muß genau auf den anderen hören, jeder muß mitfühlen, mitdenken. Dialogbereitschaft ist entscheidend.«[4]

Die jazzende Band-Leader-Religionslehrerin

Der Lehrer-Schüler ist im RU nicht der alleinige Interpret. Er ist kein Dirigent. Die Schülerinnen und Schüler spielen nicht die Noten ab, die ihnen auf das Pult gelegt werden. Sie interpretieren nicht entindividualisiert unter dem Willen eines Lehrer-Dirigenten. RU ist wie eine jazzende Gruppe, »in der es eine Freiheit des Individuums ohne Verlust der sozialen Kontaktfähigkeit gibt. In der intensiven Auseinandersetzung mit dem Thema ist der leader gleichzeitig Komponist, Interpret, Improvisator und Koordinator.«[5]
Im Fachpraktikum wird auf zwei Ebenen Unterricht reflektiert:

125

1. Der Praktikant hält für sich allein Rückschau nach vorn
Nachbereitungen des RU werden um des zukünftigen Unterrichtens willen geschrieben. Die Positiva des Praktikanten sind zu verstärken, seine Negativa durch Variationen zu verbessern. Um RU kritisch durchleuchten zu können, ist zunächst ein subjektiver Fragekatalog zu entwerfen.[6] Dieser Fragekatalog enthält detaillierte Anfragen, z.b.

– zur Sachkenntnis des Praktikanten:»Womit kann ich begründen, daß ich ›im Stoff stand‹? – An welcher Stelle hätte fachwissenschaftlich noch etwas zugelegt werden müssen? – Woran wurde deutlich, daß ich zur Thematik einen inneren Bezug hatte?«
– zur Angemessenheit der Thematik für die konkrete Lerngruppe: ...
– zur Stufigkeit des Lehr- und Lernprozesses: ...
– zur sachlogischen Reihenfolge: ...
– zum Stundenrhythmus: ...
– zu den Unterrichtsformen: ...
– zu den Unterrichtsmitteln: ...
– zur Lerntechnik: ...
– zur Haltung des Religionslehrers:»Welche gewichtigen Gründe hinderten mich daran, den Unterricht pünktlich zu beginnen? Welche Auswirkungen lassen sich beschreiben? – Warum dauerte der RU über das Pausenzeichen hinaus? – Wie begründe ich, heute ruhig – cool – sicher – beherrscht – für meine Schüler aufgeschlossen – mit ihnen geduldig gewesen zu sein?«
– zu besonderen Unterrichtssituationen: ...
– zu den Schülerinnen und Schülern: ...

Wollte ein Praktikant diesen Katalog vollständig abarbeiten, wäre er überfordert. Effektiv ist es, wenn er bei jeder Nachbereitung zwei bis vier Punkte genau unter die Lupe nimmt, Ursachenforschung betreibt und Variationen des Lehrverhaltens aufschreibt. Eine effektive Nachbereitung des gehaltenen RU ist auch das Schreiben eines religionspädagogischen Tagebuches[7]:

Gedächtnisprotokoll Wertungsloses Beschreiben des gehaltenen RU	Religionspädagogische Interpretation des beschriebenen RU	Alternativen
Zu verstärkendes positives	Zu veränderndes negatives	
	Lehrerverhalten	

Zur kritischen Auseinandersetzung:

Im folgenden ist eine Nachbereitung von RU abgedruckt, die Sie als Mentor mit der Verfasserin zu besprechen haben. Womit können Sie begründen, daß die Praktikantin die Stunde gewinnbringend nachbereitet hat?

Klasse: 3
Thema der Unterrichtseinheit: Gleichnisse Jesu
Nachbereitung der 4. Religionsstunde
Thema der Stunde: Das Gleichnis vom Senfkorn Mk 4,30-32; Umsetzung in Bewegung
Vorab möchte ich festhalten, daß ich mit dem Verlauf dieser Stunde sehr zufrieden war: Zeitlich lief die Stunde sehr ruhig, ohne Hetze ab. Es mußte keine Phase aus Zeitmangel abgebrochen werden. Die Schüler waren sehr lebhaft und engagiert bei der Sache. Die in der Vorplanung formulierten Feinziele wurden von den Schülern selbst erreicht, wobei ich das Feinziel ›Durch die Bewegung sich selbst als wachsende Saat empfinden‹[8] nicht nachprüfen kann, da es auf der affektiven Ebene liegt. Aber als die Schüler sich zu der Musik bewegen sollten, war Freude, Spaß, Engagement, bei vielen auch Empfindsamkeit zu sehen, so daß ich vermute, daß die Schüler sich ganzheitlich in der Musik und Bewegung wiedergefunden haben.
Das letzte Feinziel ›Den Wachstumsvorgang auf eigene Erlebnisse übertragen‹ wurde nicht erreicht. Es bezog sich auf die letzte Phase der Stunde, die auf Grund des Klingelzeichens – Stundenende – wegfallen mußte. Dies empfand ich aber nicht als schlimm, da der Transfer auf selbstgemachte Wachstumsprozesse in der nächsten Stunde nachgeholt werden kann.
Mit meinem eigenen Lehrerverhalten war ich insofern zufrieden, als ich mich bemüht habe, nicht alle Schüleraussagen zu kommentieren, als

Schülerecho zu fungieren und somit ständig im Mittelpunkt des Unterrichtsgeschehens zu stehen. Hilfreich, um dies zu vermeiden, war in dieser Stunde, daß die Schüler sich sehr gut gegenseitig das Wort gegeben haben. Dies hat sehr gut funktioniert!

An den Unterrichtsgesprächen beteiligten sich nicht alle Schüler, aber in der letzten Phase der Stunde, als es um die Umsetzung in Bewegung ging, waren alle Kinder stark konzentriert bei der Sache.

Herausragende Schülerin war in dieser Stunde Sonja H., die durch treffende Äußerungen immer wieder den Unterricht vorwärts trieb. Daß auch die letzte Stunde (Erstellen der Collage) bei den Schülern angekommen war, zeigte der erste Unterrichtsschritt, bei dem die Schüler anhand von Beispielen die letzte Stunde wiederholen sollten.

An meinem eigenen Verhalten muß ich noch trainieren, Unterrichtsschritte zusammenzufassen und zu beschließen und neue Phasen mit Erklärungen zu eröffnen.

Die Musik[9] schien die Schüler am Anfang zu verwirren, denn sie stellten Vermutungen an, zu welcher Werbung sie wohl gehören würde. Hier liegt der Grund bei mir, da ich die Schüler nicht genügend auf die Musik vorbereitet habe, sie also nicht mit einem Arbeitsauftrag an die Musik herangeführt habe. Der Vorteil dieser Vorgehensweise liegt darin, daß die Schüler nicht gleich in eine bestimmte Richtung gedrängt werden und viele spontane Äußerungen kommen.   *(Y. Böcher, L1-Studentin)*

2. Mentor und Praktikant besprechen eine Religionsstunde

Stundenbesprechungen sind sowohl für den Praktikanten als auch für den Mentor nicht die schönsten Schulstunden. Möge das Wortspiel Herodots – des Vaters der Geschichte – auch über diesem Geschehen stehen: Pathemata mathemata (Leiden sind Lehren).[10]

Jeder Mentor hat seine eigene Art, Stundenbesprechungen durchzuführen.[11] Folgende Schritte haben sich bewährt:

A Der Praktikant

1. schildert, wie er sich beim Unterrichten fühlte,

2. beschreibt die Unterrichtsstunde,

3. begründet seine Abweichungen vom Stundenentwurf,

4. weist religionspädagogisch begründend auf sein positives Lehrverhalten hin,

5. versucht, sein negatives Lehrverhalten zu erklären und

6. macht dazu erste Gegenvorschläge.

B Der Mentor

1. analysiert kriterienorientiert die gesehene Unterrichts- stunde,
2. verstärkt herausgearbeitete Positiva des Praktikanten,
3. begründet seine Variationsvorschläge.

C Praktikant und Mentor überlegen die weiteren Schritte der Unterrichtseinheit. Das hat möglicherweise einen Umbau der nächsten Stunde zur Folge.

Im Fachpraktikum lernt der angehende Religionslehrer auch ein Stück der Zweiten Ausbildungsphase kennen. Lehrproben werden im Referendariat gehalten, analysiert, mit Verbesserungsvorschlägen bedacht und letztlich vom Fachleiter beurteilt.

Eine Möglichkeit, eine Lehrprobe in Religion zu beurteilen[12]:

Name:		Datum:				
Schule:		Klasse:				
Thema.						
Gegenstand der Beurteilung	**Kriterien**	**Beurteilung**[13]				
		1	2	3	4	5
1.Planung des Unterrichts: Fachdidaktische Entscheidungen Teilnote x 3	1.1 Sachanalyse 1.2 Didaktische Analyse bzw. Lernzielbegründung 1.3 Berücksichtigung der Fähigkeiten der Schülerinnen und Schüler 1.4 Lernzielbestimmung 1.5 Gliederung (Artikulation) des Unterrichtsverlaufs					
2.Reflexion des Unterrichts Teilnote x 1	2.1 Begründung der Abweichungen von der Planung 2.2 Beurteilung der Verlaufsstruktur 2.3 Beruteilung der Interaktionen 2.4 Beurteilung des Medieneinsatzes 2.5 Beurteilung des Lernzuwachses					

3. Inhalt Teilnote x 3	3. Inhaltliche Gestaltung					
4. Unterrichts- verlauf	4.1 Motivation der Schülerin- nen und Schüler/Problem- bezug					
	4.2 Aktions- und Sozialfor- men/Methodische Einfälle					
	4.3 Ziel- und schülergerechter Medieneinsatz					
	4.4 Maßnahmen der Sicherung (Tafelbild, Teilergebnisse, Erfolgskontrolle u.a.)					
	4.5 Stimmigkeit zwischen Lei- stungsvermögen und An- forderungen					
Teilnote x 3	4.6 Erreichen der Lernziele					
5. Interaktion im Unterricht	5.1 Lenkung des Schülerver- haltens/Fragen/Impulse					
	5.2 Einbeziehen der Schülerin- nen und Schüler					
	5.3 Reaktionen auf Schülerbei- träge (Verstärkung, Hil- fen)					
	5.4 Fach- und schülergerechte Sprache des Lehrers					
Teilnote x 1	5.5 Führung der Klasse					

6. Besondere Gesichtspunkte (besondere Persönlichkeitsmerkmale, Schwierigkeiten des Inhalts, situative Bedingungen des Unterrichts, auffällige Schüler u.a.):

Gesamtnote:

Aufgabe für einen Kommilitonen:

– *Lassen Sie einmal Ihren Unterrichtsentwurf und Ihren RU von einem Kommilitonen nach obiger Vorlage beurteilen!*

– *Schreiben Sie Konsequenzen aus der Beurteilung auf, die Sie für Ihre folgende Unterrichtsstunde ziehen werden!*

Jeder Unterrichtsplan wird bis kurz vor der zu haltenden Stunde verändert. Spätestens nach der zweiten Unterrichtsstunde stellt der Praktikant fest, daß der geplante RU in Wirklichkeit nicht wie gewünscht abläuft: Der Zeitfaktor wurde falsch eingeschätzt. Die Schüler gingen nicht auf das Ziel zu. Bei der Planung am Schreibtisch wurde ihr Leistungsvermögen im RU über- oder unterschätzt. Die Schüler fanden keinen Zugang zu den vorgelegten Materialien. Der Praktikant fand zwischenzeitlich ein effektiveres Medium. Die Stundenbesprechung läßt einen Umbau der folgenden Lernschritte angeraten sein. Schulorganisatorische Gründe – z.b. Wandertag, Elternsprechtag, Klassenarbeit – erzwingen eine Neukonzeption ...

Der Praktikant sollte sich zunächst vergewissern, welche Ziele er bislang mit seinen Schülern erreicht hat, um konsequent den umgestalteten Lehr- und Lernweg anzuschließen. Auch bei der zweiten Planung des RU ist immer das Ziel der Unterrichtseinheit richtungweisend.

Der Umbau gelingt dem Praktikanten leichter, wenn er bereits bei seiner ersten Planung Alternativbausteine nach dem Motto »Wenn nicht ..., dann ...« bedacht hat.

- **Im Fachpraktikum wird eine weitgefächerte Wirklichkeit des Schulalltags wahrgenommen**

Zum Schulalltag eines Praktikanten gehören u.a.
- Konferenzen: die Fachkonferenz »Religion«, die Stufenkonferenz, die Konferenz des gesamten Lehrkörpers der Schule.
- Wandertag: Der Praktikant erhält die Möglichkeit, seine Schülerinnen und Schüler außerhalb des RU besser kennenzulernen. Wird er in die Planung einbezogen, sammelt er wichtige Erfahrungen in der Organisation einer solchen Veranstaltung: Einverständniserklärung der Eltern für..., Aushandeln des Fahrpreises mit Busunternehmen, Reservierung von Gaststätten ...
- Pausenaufsicht: Der Praktikant wird zuvor die Erlaßlage über die Aufsichtspflicht eines Lehrers kennenlernen. Er nimmt auf dem

Schulhof ein anderes Bild der Schulwirklichkeit wahr als im Schulgebäude: von zarten Liebeleien über brutale Gewalt bis hin zu tödlichem Drogenmißbrauch. Umstände, die einen Religionspädagogen nicht unberührt lassen und ihn möglicherweise zum Pausenseelsorger machen.

– Elternabend: Elternrechte und Mitbestimmung der Ersterzieher in der Schule sind zu stärken. Aber: Wie schwierig ist es, Eltern zur Zusammenarbeit von Schule und Elternhaus zu bewegen? Kann der Religionslehrer im Interessenhorizont der Eltern wirkliche pädagogische Probleme ausmachen, oder betreiben sie nur »Gesichtspflege«, um ihrem Sprößling nicht zu schaden? Trifft der Religionspädagoge – wenn es einmal um RU-Probleme geht – die Sprachebene der Eltern? Müßte er nicht auch den Eltern einen Unterricht über die Welt und Gott anbieten? Wie geht der Religionslehrer mit dem Frust der Eltern über die konkrete Kirche vor Ort um?

– Hospitationen in nichttheologischen Fächern: Schüler verhalten sich in den unterschiedlichen Fächern unterschiedlich. Warum verhält sich ein Schüler, der im RU – z.B. bei der Unterrichtseinheit »Menschen handeln rücksichtsvoll – taktvoll«[14] – gut mitarbeitet, im Sportunterricht nicht fair, kameradschaftlich, mannschaftsdienlich oder hilfsbereit? Welche Interpretationsfähigkeiten zeigt ein Schüler im Deutsch-, Musik- oder im Kunstunterricht? Der Praktikant lernt auch durch Hospitationen in nichttheologischen Fächern die Qualitäten seiner Schülerinnen und Schüler kennen. Daraus werden Folgerungen für die Arbeit im RU gezogen. Wie geht der Kunstlehrer bei einer Bildinterpretation vor? Welche Wege beschreitet der Musiklehrer, um mit seinen Schülern ein Lied einzuüben? Daß ein Religionslehrer sehr viel aus dem Deutschunterricht lernt, muß wohl nicht besonders betont werden.

- **Praktikumsbegleitende Veranstaltungen in der Universität sind keine Arbeitsbeschaffungsmaßnahmen**

»Die Arbeit mit Schul- und UnterrichtspraktikantInnen und ReferendarInnen gelingt am besten als kollegial-partnerschaftliche Begleitung, die darauf abzielt, mit Ängsten, Unsicherheiten und Konflikten des Anfangs sinnvoll umgehen zu lernen, die je eigenen Begabungen und Kompetenzen der PraktikantInnen entdecken zu helfen und möglichst umfassend zum Zug kommen zu lassen.«[15] In der praktikumsbegleitenden Veranstaltung tragen die Praktikanten ihre Schulerfahrungen vor, bündeln sie zu größeren Komplexen und besprechen sie – vor allem die negativen – mit den Kommilitonen und dem Veranstaltungsleiter. Der Hochschullehrer/Dozent macht sich als Dirigent überflüssig, weil die religionspädagogische (Jazz-)Gruppe aufeinander hört, Themen aufnimmt und zusammen Lösungen erarbeitet.

Um die wöchentliche Veranstaltung nicht zu einem religionspädagogischen Hauptverbandsplatz, auf dem der Dozent mit einem allheilenden Medizinmann verwechselt wird, umzufunktionieren, ist es angeraten, daß die Praktikanten prinzipielle Fragen aus der Praxis für die Praxis klären lernen. Ohne die Unterrichtssituation genau zu kennen, dürfte es ohnehin einem Hochschullehrer nicht leichtfallen, das Wunder wirkende Rezept für diesen Studenten in dieser Klasse bereit zu haben.

- **Die Ordnung der Praktikumsmappe erleichtert ihren späteren Gebrauch**

Während des Fachpraktikums Religion entsteht eine ansehnliche Arbeit, die im Referendariat große Dienste erweisen kann.
Vorschlag für den formalen Aufbau einer Praktikumsmappe:

1. Deckblatt

Name des Praktikanten	Vorname

Thema der Unterrichtseinheit: _____

    Klasse: _____

Anschrift während der Praktikumszeit:

    Anschrift: _____

    Telefon: _____

Fachsemester in kath. Religion: _____

Name des Mentors:

_____

    Anschrift: _____

    Telefon: _____

Schule:

_____

    Anschrift: _____

    Telefon: _____

Tag, Zeit und Raum, in der die UE durchgeführt wird:

    1._____   2._____

    3._____   4._____

    5._____   6._____

    7._____   8._____

Die Praktikumsmappe darf (nicht) von Studenten eingesehen werden.

Gießen, den _____   _____

                                           Unterschrift

2. Inhaltsverzeichnis:
Da das Inhaltsverzeichnis während der Vorbereitung und Durchführung des Praktikums fortlaufend ergänzt wird, beginnt die Seitenzählung mit I ff.

3. Bild der Klasse
Die Seitenzählung beginnt nun mit 1 ff.

4. Thematik und Zielsetzung der in den Lehrplan integrierten Unterrichtseinheit und deren Unterrichtsstunden

5. Sacherarbeitung des Themas

6. Analyse der Ausgangslage der Schüler zum Thema

7. Fachdidaktische Vorbereitung

8. Unterrichtsstunden in einem adäquaten Aufzeichnungsschema

9. Nachbereitung der Unterrichtsstunden

10. Verwandte Literatur

Ergänzend kann noch hinzugefügt werden:
– Bericht über die Schule
– Hospitationsprotokolle
– Bericht über das zweite Unterrichtsfach
– Zweites, korrigiertes Bild der Klasse.

10. ...und was nun, nach dem Fachpraktikum Religion?

Dem Studenten wird bescheinigt, er habe das Fachpraktikum bestanden. Nun gilt es, den vor dem Praktikum formulierten persönlichen Erwartungshorizont (S. 83) mit der Wirklichkeit zu konfrontieren. Eine Spannung zwischen Ideal und Realität wird in den meisten Fällen bestehen bleiben (müssen) und auszuhalten sein. Wie überwand der Praktikant den garstigen Graben zwischen religionspädagogischer Theorie und alltäglicher Praxis? Welche Anstrengungen wird der Religionslehrerstudent unternehmen, Theologie auf sein Berufsziel hin zu studieren? Ganz gewiß wird er nicht mehr fachwissenschaftlich einäugig lesen und ohne das Ohr »Praxis« Vorlesungen hören. Welche theologischen Arbeitsschwerpunkte kristallisierten sich während des Fachpraktikums Religion heraus? Kann der Praktikant bestätigen, was eine Kommilitonin nach ihrer fünfwöchigen Arbeit in der Werkstatt »RU« formulierte?: »Ich konnte in der Schule feststellen, daß ›fertige‹ Menschen im Lehrberuf nicht gefragt sind. Lehrer und Schüler lernen gemeinsam. Gefragt sind im RU realistische Menschen, die Schüler lehren, die heutige Welt in ihrer Widersprüchlichkeit auszuhalten. Bei den Schülern ist kritisches Bewußtsein, Unterscheidungsvermögen auszubauen. Den jungen Leuten ist Mut zu machen zu leben!«

(S. Hamann, L3-Studentin)

Die Gretchenfragen zum Schluß:
Können und wollen Sie die Freuden und die Belastungen eines Religionslehrers in den Auseinandersetzungsprozessen über die Welt und Gott mit heranwachsenden Menschen, die radikal diesseitig orientiert sind, bis zu Ihrer Pensionierung in ca. 35 bis 40 Jahren leben?

Welche Geduld haben Sie mit sich auf Ihrer Expedition als Lehrer-Schüler und Schüler-Lehrer?
Welches Senfkorn »Hoffnung« hegen und pflegen Sie auf Ihrem Lebens- und Berufsweg?

Das Fachpraktikum Religion endet mit einer Manöverkritik, zu der auch die Mentoren eingeladen werden:
1. Was ist bei der Organisation zukünftiger Fachpraktika zu verbessern?
2. Welche Hinweise können die Mentoren und Studierenden für eine effektivere Vorbereitung des Fachpraktikums geben?
3. Wodurch kann den Praktikanten das Leben in der Praxis des Schulalltags erleichtert werden?

- **Versuchen Sie's doch mal spielend!**

Die Nachbereitung des Fachpraktikums Religion wird in der Regel in einer Blockveranstaltung von Freitagnachmittag bis Samstagabend geleistet.
Dazu ein spielerischer Vorschlag zum Einstieg:

Auf Spurensuche
Ein (Motivations-)Spiel zur Auswertung des Praktikums[1]

1. Voraussetzungen
Für die 6 Mitspielenden benötigt man
- das auf DIN A 3 zu vergrößernde Spielfeld der Fußspuren und Aktionsfelder (S. 139)
- 6 verschiedenfarbige Spielsteine
- einen Würfel, der nur 1 bis 3 Augen zeigt
- 12 Aktionskarten und 1 Zielfeldkarte mit den Aufgaben (S. 140)
- 7 Tapetenrollen als Plakatwände:
  a) Rat an den Praktikumsbeauftragten der Uni (A 3)
  b) Symbol für das Lehrer-Schüler-Verhältnis (A 5)
  c) Vor der Klasse zu stehen ist für mich wie … (A 6)

>> AUF SPURENSUCHE <<

EIN (MOTIVATIONS-)SPIEL ZUR
AUSWERTUNG DES PRAKTIKUMS

A 5
A 6
A 4
A 7
A 3
A 8
A 9
A 2
A 10
A 11
A 1
2. Runde
START
Z I E L
A 12

139

d) Das Praktikum hat für mein weiteres Studium die Folge, daß ich ... (A 7)

e) Bei der Vorbereitung des Praktikums hätte ich mir mehr ... gewünscht (A 9)

f) Rat an zukünftige Praktikanten (A 11)

g) Vierzeiler auf die Unterrichtsversuche (A 12)

- 6 verschiedenfarbige Filzschreiber
- eine Spielleitung, die nachfragt, klärt, Artikulationen (A 1, 2, 4, 8, 10, Zielfeld) der Mitspielenden stichwortartig notiert und auch die Auswertung der Äußerungen auf den Plakatwänden moderiert
- 1 Plakatwand als Notizblatt der Spielleitung
- Zeit: Das Spiel dauert in der Regel 2 Stunden.

In größeren Praktikantengruppen spielen zwei und mehr Gruppen zu je sieben Personen parallel.

2. Das Spiel

Der jüngste Kommilitone beginnt, sich das 1. Aktionsfeld oder eine Fußspur zu erwürfeln.

Bearbeitet ein Mitspieler eine Aufgabe, ist das Spiel unterbrochen. Ein kurzes, inhaltliches Gespräch kann sich anschließen, in dem klärende Nachfragen beantwortet werden.

Ziel des Spiels ist es, daß jeder Mitspieler mindestens acht der zwölf Aktionsfelder bearbeitet, um das Zielfeld zu erreichen.

Wer beim ersten Durchgang keine acht Aktionsfelder bearbeitete, geht in die zweite Runde. Jeder Spieler darf ein Feld nur einmal bearbeiten. Kommt er zu einer von ihm bereits bearbeiteten Aufgabe, würfelt er noch einmal. Kommt er erneut auf ein bereits von ihm bearbeitetes Feld, rückt er zum nächsten, von ihm noch nicht erledigten Arbeitsauftrag vor.

In den Aktionsfeldern sind folgende Aufgaben zu bewältigen:

A 1: Stellen Sie einem Kommilitonen eine gezielte Frage zur Vorbereitung oder Durchführung seines Praktikums! – Er möge sich eine Minute Bedenkzeit vor dem Antworten nehmen.

A   2:   Erzählen Sie eine lustige Begebenheit aus Ihrem Praktikum!

A   3:   Schreiben Sie auf die Plakatwand A einen Rat an den Praktikumsbeauftragten der Uni!

A   4:   Stellen Sie pantomimisch dar, wie Sie sich nach Ihrem ersten Unterrichtstag fühlten!

A   5:   Zeichnen Sie auf die Plakatwand B ein Symbol, durch das Sie Ihr Verhältnis zu den Schülerinnen und Schülern ausdrücken können!

A   6.   Vollenden Sie an der Plakatwand C den Satz »Vor der Klasse zu stehen ist für mich wie ...«!

A   7:   Vollenden Sie an der Plakatwand D den Satz »Das Praktikum hat für mein weiteres Studium die Folge, daß ich ...«!

A   8:   Erzählen Sie drei Minuten von einer Schülerin oder einem Schüler, die oder der Ihnen während des Praktikums besonders auffiel!

A   9:   Vollenden Sie an der Plakatwand E den Satz »Bei der Vorbereitung des Praktikums hätte ich mir mehr ... gewünscht«!

A 10:   Stellen Sie in drei Minuten pantomimisch Ihren Mentor vor!

A 11:   Schreiben Sie an die Plakatwand F einen Rat an ihre Kommilitonen, die im kommenden Semester mit der Vorbereitung des Praktikums beginnen!

A 12:   Schreiben Sie an die Plakatwand G einen Vierzeiler auf Ihre Unterrichtsversuche!

Zielfeld:

Nach Würfeln einer 1: Singen Sie einen Schlager oder ein Lied, der oder das für Ihr Praktikum charakteristisch ist!

Nach Würfeln einer 2: Halten Sie eine kurze Lobrede auf das Praktikum!

Nach Würfeln einer 3: Meckern Sie nach Herzenslust entweder über Organisation oder Durchführung oder Betreuung Ihres Praktikums!

Die Äußerungen auf den Plakatwänden können nach Abschluß der 2. Runde jeweils zu Themengruppen zusammengefaßt werden. In einer Gesprächsrunde werden sie dann nacheinander aufgearbeitet. Dies sollte nicht mehr als zwei Stunden in Anspruch nehmen.

Das Leben sei ein Fest! – besonders dann, wenn ein Lebensabschnitt gelungen ist. Das dem Fachpraktikum sich anschließende Seminarfest wird nicht nur trockene Gespräche auf der Tagesordnung haben. Schon der vorsokratische Philosoph Thales aus Milet (624-547 v.Chr.) hatte erkannt, daß alles Lebendige in der Natur feucht ist.[2]

11. Anmerkungen

1. Wer bin ich? (S. 15-29)

1 Vgl. W. Klafki, Das pädagogische Verhältnis und die Gruppenbeziehungen im Erziehungsprozeß, in: ders. u.a., Funk-Kolleg Erziehungswissenschaft 1. Eine Einführung, Frankfurt am Main 1970, 53-91, bes. 60-65.

2 W. Bartholomäus, Der Religionslehrer zwischen Theorie und Praxis, in: KatBl 103 (1978) 164-175, 171.

3 J. Werbick, Vom entscheidend und unterscheidend Christlichen, Düsseldorf 1992, 164.

4 I. u. D. Mieth, Vorbild oder Modell? Geschichten und Überlegungen zur narrativen Ethik, in: KatBl 102 (1977) 625-631, 628.

5 O. Fuchs, Zwischen Wahrhaftigkeit und Macht. Pluralismus in der Kirche?, Frankfurt am Main 1990, 166.

6 H. Barz, Postmoderne Religion am Beispiel der jungen Generation in den Alten Bundesländern, Opladen 1992, 255.

7 Vgl. ders., 251.

8 K. Allerbeck – W. J. Hoag, Jugend ohne Zukunft? Einstellungen, Umwelt, Lebensperspektiven, München 1985, 43.

9 R. Sauer, Mystik des Alltags. Jugendliche Lebenswelt und Glaube. Eine Spurensuche, Freiburg 1990, 87.

10 K. Allerbeck – W. J. Hoag, 50.

11 Vgl. Synodenbeschluß »Ziele und Aufgaben kirchlicher Jugendarbeit«, 1.

12 Vgl. die mir vom Spiegel-Verlag zugesandte Tabelle 26 der Emnid-Umfrage, die der Titelgeschichte »Nur noch jeder vierte ein Christ«, in: Der Spiegel 46 (1992) 25, 36-57, zugrunde lag.

13 Vgl. B. Jendorff, Profil Katholischer Theologiestudentinnen und -studenten der Justus-Liebig-Universität Gießen, in: ibw journal 28 (1990) 4, 10-19, 15.

14 Synodenbeschluß »Der Religionsunterricht in der Schule«, 2.8.2.

15 G. Hintzen, Zum Thema »Eucharistie und Kirchengemeinschaft«, Paderborn 1990, 21.

16 W. Bartholomäus, Die Kirche als Determinante des Religionsunterrichts, in: W.G. Esser (Hg.), Religionsunterricht und Konfessionalität. Zum Religionsunterricht morgen VI, München-Wuppertal 1975, 72-85, 80.

17 A. Exeler, Religiöse Erziehung in einer säkularisierten Gesellschaft, in: KatBl 98 (1973) 717-732, 727.

18 Ders., 726 f.

19 Vgl. B. Jendorff, Müssen Studenten der Religionspädagogik eine Bindung an die Kirche haben?, in: rhs 20 (1977) 139-149, 142-147.

20 R. Köcher, Religionsunterricht – zwei Perspektiven, in: Sekretariat der Deutschen Bischofskonferenz (Hg.), Religionsunterricht. Aktuelle Situation und Entwicklungsperspektiven. Kolloquium 23.-25. Januar 1989 (= Arbeitshilfen 73) Bonn 1989, 22-59, 37.

21 G. Stachel, Lehrplanentwicklung – andersherum!, in: ders., Erfahrung interpretieren. Beiträge zu einer konkreten Religionspädagogik, Zürich-Köln 1982, 47-56, 50 f.

22 Vgl. B. Jendorff, Microteaching – Ein Element in der Religionslehrerausbildung, in: RpB 7/1981, 33-48.

23 A. Augustinus, De catechizandis rudibus IV, 8, 11.

24 A. Augustinus, Vom ersten katechetischen Unterricht. Neu übersetzt von W. Steinmann. Bearbeitet von O. Wermelinger, München 1985, 25.

25 Vgl. E. Reil, Aurelius Augustinus, De catechizandis rudibus. Ein religionsdidaktisches Konzept, St. Ottilien 1989.

2. Was will und kann das Fachpraktikum Religion leisten? (S. 31-40)

1 Vgl. z. B. B. Jendorff, Schulpraktika in Katholischer Religion an der Justus-Liebig-Universität in Gießen. Ein Erfahrungsbericht, in: RpB 26/1990, 127-134; F. Trautmann, Das religionspädagogische Tagespraktikum in Baden-Württemberg: abgelesen an der Situation der Pädagogischen Hochschule Schwäbisch Gmünd. Rahmen der schulpraktischen Ausbildung – Möglichkeiten – Anfragen, in: RpB 30/1992, 176-184.

2 Vgl. H. Susteck, Das Burnout-Syndrom. Spezifische Belastungen und Gefährdungen im Lehrerberuf, in: Pädagogische Welt 45 (1991) 201-205.

3 Vgl. ders., 204 f.; B. Grom, Zwischen Berufsfreude und »teacher burnout«, in: KatBl 117 (1992) 26-34, bes. 30-34.

4 Vgl. G. Hilger, Fragen zur Erschließung der didaktischen Struktur eines Religionsbuches, in: KatBl 99 (1974) 11, Materialdienst 23; ders., Religionsunterricht als offener Lernprozeß, München 1975, 225-232.

3. Lehrplan: Pflicht oder Kür? (S. 41-53)

1 Vgl. die Einleitung zum Beschlußtext von L. Volz und den Beschluß der Würzburger Synode »Der Religionsunterricht in der Schule«, in: L. Bertsch u.a. (Hg.), Gemeinsame Synode der Bistümer in der Bundesrepublik Deutschland. Beschlüsse der Vollversammlung. Offizielle Gesamtausgabe, Freiburg 1976, 113-122; 123-152. Der Synodenbeschluß zum RU ist neben dem »Allgemeinen Katechetischen Direktorium« (1971), dem Apostolischen Schreiben »Evangelii nuntiandi« (1975) und dem Apostolischen Schreiben »Catechesi Tradendae« (1979) abgedruckt in: Sekretariat der Deutschen Bischofskonferenz (Hg.), Nachkonziliare Texte zu Katechese und Religionsunterricht (= Arbeitshilfen Nr. 66), Bonn 1989.

2 Vgl. z.B.: Nur noch jeder Vierte ein Christ, in: Der Spiegel 46 (1992) 25, 36-57.

3 Vgl. Sekretariat der Deutschen Bischofskonferenz (Hg.), Religionsunterricht. Aktuelle Situation und Entwicklungsperspektiven. Kolloquium 23.-25. Januar 1989 (= Arbeitshilfen Nr. 73), Bonn 1989; H. Barz, Postmoderne Religion am Beispiel der jungen Generation in den Alten Bundesländern, Opladen 1992; ders., Postsozialistische Religion am Beispiel der jungen Generation in den Neuen Bundesländern, Opladen 1993.

4 Synodenbeschluß »Der Religionsunterricht in der Schule«, 2.6.5.

5 H. Barz, Postmoderne Religion, 245-267.

6 Vgl. auch M. Veit, Alltagserfahrungen von Jugendlichen, theologisch interpretiert, in: P. Biehl u.a. (Hg.), Jahrbuch der Religionspädagogik. Band 1, Neukirchen-Vluyn 1984, 3-28.

7 R. Sauer, Mystik des Alltags. Jugendliche Lebenswelt und Glaube. Eine Spurensuche, Freiburg 1990, 73-120.

8 Ders., 72.

9 Ders., 131-192.

10 Catechesi Tradendae, 21.

11 Vgl. u.a. M. Saller, Religionsdidaktik im Primarbereich. Theologische und pädagogische Perspektiven der Grundschulreform, München 1980, 66-76.

12 Synodenbeschluß »Der Religionsunterricht in der Schule«, 3.7.

13 Vgl. u.a. die auf praxisrelevante Literatur hinweisenden Bücher von H. Fox, Kompendium Didaktik Katholische Religion, München [2]1992, 72-79; H.-J. Frisch, Leitfaden Fachdidaktik Religion, Düsseldorf 1992, 32-43.

14 Der Hessische Kultusminister (Hg.), Rahmenrichtlinien Sekundarstufe I Katholische Religion, Wiesbaden 1987, 13.

15 Vgl. G. Reilly, Süß, aber bitter. Ist die Korrelationsdidaktik noch praxisfähig?, in: G. Hilger – G. Reilly (Hg.), Religionsunterricht im Abseits? Das Spannungsfeld Jugend – Schule – Religion, München 1993, 16-27.

16 Vgl. R. Englert, Die Korrelationsdidaktik am Ausgang ihrer Epoche. Plädoyer für einen ehrenhaften Abgang, in: G. Hilger – G. Reilly (Hg.), 97-110.

17 Synodenbeschluß »Der Religionsunterricht in der Schule«, 2.5.3.

18 Vgl. G. Fuchs – J. Werbick, Scheitern und Glauben. Vom christlichen Umgang mit Niederlagen, Freiburg 1991.

19 H. Halbfas, Der Religionsunterricht in der Grundschule. Ein Versuch, in: ders., Aufklärung und Widerstand. Beiträge zur Reform des Religionsunterrichts und der Kirche, Stuttgart-Düsseldorf 1971, 122-161, 149.

20 Vgl. Art. 7 Abs. 3 Satz 1 GG.

21 Vgl. die schulartspezifischen curricularen Lehrpläne (CuLP) für katholische Religionslehrer in Bayern; dazu: J. Hofmeier, Kleine Fachdidaktik Katholische Religion, München [5]1991, 61-66.

22 Synodenbeschluß »Der Religionsunterricht in der Schule«, 2.5.4.

23 Vgl. G. Hilger, Religionsunterricht als offener Lernprozeß, München 1975.

24 Vgl. das Urteil des Bundesverwaltungsgerichts vom 6.7.1973; dazu: F. Müller – B. Pieroth, Religionsunterricht als ordentliches Lehrfach. Eine Fallstudie zu den Verfassungsfragen seiner Versetzungserheblichkeit, Berlin 1974; W. Rees, Der Religionsunterricht und die katechetische Unterweisung in der kirchlichen und staatlichen Rechtsordnung, Regensburg 1986, 257- 260.

4. Wen werde ich unterrichten? (S. 55-72)

1 Vgl. Synodenbeschluß »Der Religionsunterricht in der Schule«, 2.5.1.
2 Deutscher Katecheten-Verein (Hg.), Zielfelder ru 9/10. Religionsunterricht 9./10. Schuljahr. Ausgabe B. Gymnasium/Realschule, München 1980.
3 W. Trutwin – K. Breuning – R. Mensing, Zeichen der Hoffnung. Religion – Sekundarstufe I. Unterrichtswerk für den katholischen Religionsunterricht der Jahrgangsstufen 9/10, Düsseldorf 1989.
4 Vgl. H.K. Berg, Lernziel: Schülerinteresse. Zur Praxis der Motivation im Religionsunterricht, Stuttgart-München 1977, bes. 9-32; 47-63.
5 Methoden und Beispiele bei: B. Jendorff, Religion unterrichten – aber wie? Vorschläge für die Praxis, München [2]1993, 89-97.
6 Vgl. B. Jendorff, Altern – ein religionspädagogisches Aufgabenfeld, in: Informationen für Religionslehrerinnen und Religionslehrer 4/91. Bistum Limburg, I-IV, bes. IV.
7 Synodenbeschluß »Der Religionsunterricht in der Schule«, 2.5.1.
8 Vgl. H. Braun, Alter als gesellschaftliche Herausforderung, Regensburg 1992.
9 Young, attractive, verbal, intelligent, successful.
10 Vgl. R. Gronemeyer, Die Entfernung vom Wolfsrudel. Über den drohenden Krieg der Jungen gegen die Alten, Düsseldorf 1989.
11 Vgl. B. Jendorff, Religionspädagogische Überlegungen zum Thema »Altern lernen«, in: Lebendige Seelsorge 43 (1992) 272-278.
12 Der Hessische Kultusminister (Hg.), Rahmenrichtlinien Primarstufe Katholische Religion, Wiesbaden 1981, 30 f.
13 Ders., 31.

5. Vor dem Fachpraktikum (S. 73-84)

1 Vgl. § 283 BGB.
2 J. Kluge (Hg.), Entdeckungen machen. Unterrichtswerk für den evangelischen Religionsunterricht in der Sekundarstufe I. Band 9/10, Düsseldorf 1987, 142 f.

6. Der Stoff, aus dem Religionsunterricht entsteht (S. 85-97)

1 Vgl. A. Kruse u.a. (Hg.), Gerontologie – Wissenschaftliche Erkenntnisse und Folgerungen für die Praxis. Beiträge zur II. Gerontologischen Woche. Heidelberg, 18.6.-23.6.1987, München 1988; Themaheft »Altwerden« der Internationalen Zeitschrift für Theologie Concilium 27 (1991) 3; P.B. Baltes – J. Mittelstraß (Hg.), Zukunft des Alterns und gesellschaftliche Entwicklung, Berlin 1992.

2 Vgl. U. Lehr, Die Alten sind anders als wir sie sehen, in: bild der wissenschaft 13 (1976) 63-67.

3 Vgl. z.B. M. Gartmann u.a., große Freude. Religion 1.-4. Schuljahr, Hildesheim 1984-1987 und die von den Autoren dazu publizierten Lehrerhandbücher, Hildesheim 1984-1989; T. Eggers, Gott und die Welt. Religionsunterricht im 5./6.-7./8.-9./10. Schuljahr, Düsseldorf – München 1989-1992 und die vom Autor erarbeiteten Lehrerkommentare, Düsseldorf 1990-1993; A. Wuckelt, Zentrale Texte des Alten Testaments/des Neuen Testaments. Eine Praxishilfe für den Religionsunterricht in der Sekundarstufe I, München 1985/1986; H. Zirker u.a., Zugänge zu biblischen Texten. Eine Lesehilfe zur Bibel für die Grundschule. Altes Testament/Neues Testament, Düsseldorf 1989/1980.

4 Vgl. die in der Hochkonjunktur der basisnahen Unterrichtsmodelle entstandene UM-Kartei DKV (bearb. von B. Merten), die 1980 über 1000 Unterrichtsmodelle enthielt und – trotz ihres Alters – bei der Vorbereitung des Fachpraktikums Religion nicht übersehen werden sollte; U. Früchtel – H. Heyer – R. Veit (Erarb.), Modelle-Kartei des Pädagogischen Instituts der Evangelischen Kirche von Westfalen, Villigst 1973 ff.

5 S. Labusch, Gymnasiale Religionslehrer-Ausbildung zwischen Theorie und Praxis, in: P. Biehl u.a. (Hg.), Jahrbuch der Religionspädagogik. Band 7, Neukirchen-Vluyn 1991, 79-102, 90.

6 B. Jendorff, Religion unterrichten – aber wie? Vorschläge für die Praxis, München [5]1993, 124.

7 G. Egle, Religionsunterricht planen und beobachten, in: CPB 105 (1992) 180-183, 183.

8 In: I. Riedel (Hg.), Alfred Manessier. Dias und Texte, Freiburg-Gelnhausen 1974, 27 f.

9 Vgl. z.B. S. Berg, Kreative Bibelarbeit in Gruppen, München und Stuttgart 1991; L. Schmalfuß – R. Pertsch, Methoden im Religionsunterricht. Ideen, Anregungen, Modelle, München 1987; H. Kurz,

Entdeckungen in der Bibel. Tips, Informationen, Methoden, München 1988; ders. Methoden des Religionsunterrichts. Arbeitsformen und Beispiele, München [3]1992; P. Moll – H. Lieberherr, Unterrichten mit offenen Karten. 1 Einsteigen; 2 Fortschreiten, Zürich 1992.

7. Wie und womit unterrichte ich? (S. 99-110)

1 Vgl. W. Schulz, Unterricht, Analyse und Planung, in: P. Heimann – G. Otto – W. Schulz, Unterricht. Analyse und Planung, Hannover [6]1972, 13-47, 25.

2 Vgl. B. Jendorff, Zwei Seiten einer Münze: Das »Was« und das »Wie« des Religionsunterrichts, in: rhs 35 (1992) 148-154.

3 L. Boff, Kirche: Charisma und Macht. Studien zu einer streitbaren Ekklesiologie, Düsseldorf [3]1985, 267.

4 Synodenbeschluß »Der Religionsunterricht in der Schule«, 2.5.1.

5 Vgl. B. Jendorff, Religion unterrichten – aber wie? Vorschläge für die Praxis, München [2]1993.

6 H. Herion, Methodische Aspekte des Religionsunterrichts. Ein Kompendium zu Grundsatzfragen, Planung und Gestaltung des Unterrichts, Donauwörth 1990, 1.

7 Vgl. B. Jendorff, Zwei Seiten einer Münze, bes. 149 f.

8 Vgl. die vielfältigen Bearbeitungsmöglichkeiten eines Textes bei: B. Jendorff, Religion unterrichten – aber wie?, 166 f.; 219; 245 f.

9 Vgl. die 10 Bände von H.K. Berg – S. Berg (Hg.), Lieder- Bilder-Szenen im Religionsunterricht, Stuttgart-München 1978-1981; Bd. 10 ist eine beachtenswerte didaktisch-methodische Einführung.

10 Vgl. B. Jendorff, 96 f.; 120 f.; 137 ff.; 165 f.; 169 f.; 175; 200; 220 f.; 242.

11 Vgl. die Arbeitsmöglichkeiten mit absoluter Musik bei: ders., 157 f.

12 Vgl. ders., 186-189.

13 Vgl. ders., 150 f., 190.

14 Vgl. die visuell-gestalterischen Methodenvorschläge bei: ders., 175; 186; 220 f.

15 Vgl. ders., 136; 162 f.; 176; 189; 200 ff.; 216.

16 Vgl. K. Schilling, Wege ganzheitlicher Bibelarbeit. Glauben erfahren mit Hand, Kopf und Herz, Stuttgart 1992.

17 Vgl. E. Groß (Hg.), Alternativen zum vertexteten Religionsunterricht. Methodische Maßnahmen, Düsseldorf 1979.

18 W. Klafki, Die bildungstheoretische Didaktik, in: Westermanns Pädagogische Beiträge 32 (1980) 32-37, 32.

19 Vgl. Pius XI., Quadragesimo anno, 79.

20 J. Höffner, Christliche Gesellschaftslehre, Kevelaer [6]1975, 51.

21 Vgl. Art. 2 Satz 1 GG.

22 Vgl. M. Bönsch, Variable Lernwege. Ein Lehrbuch der Unterrichtsmethoden, Paderborn 1991, 123.

23 Vgl. B. Jendorff, 68-78.

24 Ders., 153-157.

25 Vgl. R.C. Cohn, Das Thema als Mittelpunkt interaktioneller Gruppen, in: Gruppenpsychotherapie und Gruppendynamik 3 (1970) 251-259; L. Schwäbisch – M. Siems, Anleitung zum sozialen Lernen für Paare, Gruppen und Erzieher. Kommunikations- und Verhaltenstraining, Reinbek bei Hamburg 1974; T. Schramm – K.W. Vopel, Ruth C. Cohns Methode der Gruppenarbeit. Darstellung und mögliche Anwendung in kirchlicher Praxis, in: T. Ahrens u.a. (Hg.), Arbeitsbuch Religionsunterricht. Überblicke – Impulse – Beispiele, Gütersloh 1986, 147-150.

26 Vgl. Johannes Paul II., Laborem exercens, II 6.

27 R.C. Cohn, Mit Menschen leben, arbeiten und Gruppen leiten. Die Themenzentrierte Interaktion (TZI), in: dies., Es geht ums Anteilnehmen. Die Begründerin der TZI zur Persönlichkeitsentfaltung, Freiburg 1993, 12-54, 20 f.

28 J. Grell – M. Grell, Unterrichtsrezepte, München-Wien-Baltimore 1979, 169.

29 Vgl. B. Jendorff, Zwischenrufe zu den Unterrichtsverfahren im Religionsunterricht, in: H.-F. Angel – U. Hemel (Hg.), Basiskurse im Christsein, Frankfurt am Main 1992, 52-66, bes. 63-66.

8. Wie baut sich der große Bogen der Unterrichtseinheit auf? (S. 111-121)

1 Vgl. B. Jendorff, Religion unterrichten – aber wie? Vorschläge für die Praxis, München [2]1993, 100-122.

2 Vgl. ders., 126-143.

3 Vgl. ders., 150 f.

4 Vgl. ders., 162 f.

5 Religionsunterricht in der Schule. Ein Plädoyer des Deutschen Katecheten-Vereins, in: KatBl 117 (1992) 611-627, 612.

6 Vgl. Synodenbeschluß »Der Religionsunterricht in der Schule«, 2.5.1.
7 Vgl. B. Jendorff, 172-176.
8 Vgl. ders., 182-190.
9 Vgl. ders., 197-202.
10 Hausaufgaben sind doof, in: stern 44 (1991) 47, 90-98, 91.
11 Vgl. B. Jendorff, Hausaufgaben im Religionsunterricht, München 1983; ders., Religion unterrichten – aber wie?, 203-223.
12 Vgl. die Zielsetzung des Unterrichtspraktikums in der Studienordnung für die unterrichtswissenschaftlichen Teilstudiengänge Fachdidaktik und Grundschulpädagogik im Rahmen der Lehrerausbildung an der FU Berlin, in: Amtsblatt der Freien Universität Berlin 1/1986, 5.
13 Vgl. B. Jendorff, Leistungsmessung im Religionsunterricht. Methoden und Beispiele, München 1979; ders., Religion unterrichten – aber wie?, 224-249.
14 5-15-30-30-15-5% der Arbeiten werden den Noten 1-6 zugeordnet.
15 Vgl. W.G. Esser, Schema des Unterrichtsentwurfs, in: D. Zilleßen (Hg.), Religionspädagogisches Praktikum, Frankfurt am Main 1976, 38-45.
16 B. Jendorff, Hausaufgaben im Religionsunterricht, 160.

9. Während des Fachpraktikums Religion (S. 23-135)

1 Deutscher Bildungsrat, Empfehlungen der Bildungskommission. Strukturplan für das Bildungswesen, Stuttgart [4]1972, 226.
2 Vgl. die Rahmenrichtlinien für schulpraktische Studien an der Universität-Gesamthochschule Siegen vom 10.3.1986, in: Allgemeine Mitteilungen der Universität-Gesamthochschule Siegen Nr. 7/1986, 2.
3 E. Meyer, Schulpraktikum, Bochum [4]1973, 59.
4 Ders., 60 f.
5 Vgl. ders., 61.
6 Vgl. z.B. B. Jendorff, Hausaufgaben im Religionsunterricht, München 1983, 126-128.
7 Vgl. A. Altrichter – P. Posch, Lehrer erforschen ihren Unterricht, Bad Heilbrunn 1990, 18-40.
8 Angeregt durch den Praktikumsbeauftragen K. König, Hindurch-Hören. Absolute Musik im Religionsunterricht, in: Informationen für Religionslehrerinnen und Religionslehrer. Bistum Limburg 2- 3/90, 20-23. Vgl. ders., Religiöses Lernen mit absoluter Musik, in: RpB 30/1992, 45-57.

9 Anfangsfanfare aus »Also sprach Zarathustra« von R. Strauß; vgl. K. König, Hindurch-Hören, 22.
10 Herodot, Hist. 1, 207, 1.
11 Vgl. M. Scharer, PraktikantInnen und Referendare im Religionsunterricht sinnvoll begleiten, in: KatBl 114 (1989) 760- 762.
12 Den Beurteilungsbogen verdanke ich meinem Kollegen Prof. Dr. Dr. R. Ott, der im Mainzer Bischöflichen Priesterseminar das Pastoralseminar leitet.
13 1=besonders gelungen; 2=überzeugend; 3=weitgehend zureichend; 4=dürftig; 5=unzureichend.
14 Der Hessische Kultusminister (Hg.), Rahmenrichtlinien Sekundarstufe I Katholische Religion, Wiesbaden 1976, 19 ff.
15 M. Scharer, 760.

10. ...und was nun, nach dem Fachpraktikum Religion? (S. 137-142)

1 Die Spielidee verdanke ich meinem Kollegen L. Lippert, der als Pädagogischer Mitarbeiter im Institut für Evangelische Theologie der Justus-Liebig-Universität Gießen Praktikanten betreut.
2 Vgl. Aristoteles, Metaphysik I, 3, 983 b.

12. Bücher, die für das Fachpraktikum Religion »guttun«

Eine Auswahlbibliographie ist immer subjektiv. So auch die folgende. Über Kollegen, die sich in dieser Bücherliste nicht wiederfinden, ist damit kein Werturteil gefällt. Sehr wahrscheinlich entdeckt der Praktikant beim Stöbern in der Bibliothek die eine oder andere Veröffentlichung, die ihm viel größere Dienste erweist als die hier aufgelisteten Bücher.

Adam, G. – Lachmann, R. (Hg.), Religionspädagogisches Kompendium. Ein Leitfaden für Lehramtsstudenten, Göttingen [3]1990

–, Methodisches Kompendium für den Religionsunterricht, Göttingen 1993

Ahrens, T. u.a. (Hg.), Arbeitsbuch Religionsunterricht, Überblicke – Impulse – Beispiele, Gütersloh 1986

Bartholomäus, W., Einführung in die Religionspädagogik, München 1983

Bönsch, M., Variable Lernwege. Ein Lehrbuch der Unterrichtsmethoden, Paderborn 1991

Fox, H., Kompendium Didaktik Katholische Religion, München [2]1992

Früchtel, U., Leitfaden Religionsunterricht. Arbeitsbuch zur Didaktik des Religionsunterrichts, Göttingen [4]1987

Grell, J. und M., Unterrichtsrezepte, München 1979

Grom, B., Religionspsychologie, München und Göttingen 1992

Haas, D. – Bätz, K., Ratgeber Religionsunterricht. Hilfen zum Aufbau und zur Durchführung, Lahr und Zürich-Köln 1984

Halbfas, H., Das dritte Auge. Religionsdidaktische Anstöße, Düsseldorf [4]1989

Herion, H., Methodische Aspekte des Religionsunterrichts. Ein Kompendium zu Grundsatzfragen, Planung und Gestaltung des Unterrichts, Donauwörth 1990

Hofmeier, J., Kleine Fachdidaktik Katholische Religion, München [5]1991

Jendorff, B., Leistungsmessung im Religionsunterricht, Methoden und Beispiele, München 1979

–, Hausaufgaben im Religionsunterricht, München 1983

–, Religion unterrichten – aber wie? Vorschläge für die Praxis, München
  ^{2}1993
Lämmermann, G., Grundriß der Religionsdidaktik, Stuttgart 1991
May, H. – Täubl, A., Praxis AV-Medien. Anleitungen für Religionsunter-
  richt und kirchliche Bildungsarbeit, München 1981
Meyer, H., UnterrichtsMethoden, I: Theorieband; II: Praxisband, Frankfurt
  am Main ^{5}1992 und ^{4}1991
Moll, P. – Lieberherr, H., Unterrichten mit offenen Karten. 1 Einsteigen;
  2 Fortschreiten, Zürich 1992
Saller, M., Religionsdidaktik im Primarbereich. Theologische und pädago-
  gische Perspektiven der Grundschulreform, München 1980
Wegenast, K., Religionsdidaktik Grundschule. Voraussetzungen, Grund-
  lagen, Materialien, Stuttgart 1983
Zilleßen, D. (Hg.), Religionspädagogisches Praktikum, Frankfurt am
  Main und München 1976

13. Stichwortregister

Altern 19, 22, 67, 81, 86, 107
Alltagsphänomene 43
Anthropologische Wende 44
Antworten d. RL 78
Auferstehung 96
Aufzeichnungsschema
– d. RU 52, 117
Ausgangslage
– d. Schüler 65
– d. RL 17
Benotung 40, 116
Bekennende Kirche 79
Berliner Didaktische Schule 99
Bild
– d. Klasse 55
– d. RL 15, 56
Binnencurriculum 52, 56, 99
Binnendifferenzierung 106
Burnout-Syndrom 33
Darbietung d. RL 78
Differenzierungen 108, 115
Elementar 87
Elternabend 132
Elternhaus
– d. Studenten 19
Emanzipation 100
Eucharistiefeier 19, 23
Erwartungshorizont
– d. Praktikanten 82
Exemplarische 86, 88

Fachdidaktische Vorbereitung 91, 107
Fachwissenschaftliche Vorbereitung 90
Festigung 81, 114
Fragetechnik 78
Fundamentale 86, 88
Ganzheitlichkeit
– im RU 51, 101
Gleichnis 127
Gruppenarbeit 37
Handlungen
– d. RL 78
Handlungsorientierung 101, 108
Hausaufgaben 115, 119
Helferprinzip 102
Hochschulgemeinde 25
Hospitationen 74, 132
Impuls 78
Kirchengemeinde 23
Kollegium 33, 74
Kommunikation 76
Konferenz 35, 131
Korrelation 37, 45, 47
Lehrerprotokoll 77
Lehrerzentrierung 104
Lehrplan 41, 48, 82, 88
Lehrprobenbesprechung 129
Lernerfolgskontrolle 53, 114, 116
Lernziel 42, 91, 101

Lösung 113
Medien 46, 52, 99, 111, 114
Meditation 101
Methoden 46, 52, 66, 69, 99, 111,
114
Motivation 81, 111
Nachbereitung
– d. RU 126
– d. Praktikums 137
Ostern 96
Pädagogik Gottes 100
Pausenaufsicht 131
Peer-groups 21
Phasen-Schema/
– Modell d. RU 81, 111
Praktikumsbegleitende Veran-
staltung 133
Praktikumsmappe 133
Praktikumsordnung 31
Problemlösungsversuch 113
Problemsicht 112
Referendariat 123, 129
ReligionslehrerIn 16, 24, 123
Religionsunterricht 26, 35, 75, 82
Sacherarbeitung 88
Schulpraktische Studien 31
Schüleraktivität 77
Schülerausgangssituationsanalyse
65
Schülerprotokoll 77

Selbständigkeit 104
Selbstätigkeit 104
Sexualität 18
Solidarität 102
Sozialformen 103
Spiritualität 50, 100, 109
Studium 26
Stundenbesprechung 128
Subsidiarität 102
Synodenbeschluß
– zum RU 42, 55, 100
Tafel 120
Tagebuch 126
Thema d. Unterrichtseinheit 83, 85
Themenzentrierte Interaktion
(TZI) 104
Üben 114
Unterrichtseinheit 39
Unterrichtsmodelle 89
Unterrichtsorganisation 97, 100,
107
Verlaufsprotokoll 81
Vorbereitung
– d. RU 48, 55, 64, 74, 90, 91,
103, 111
– d. Praktikums 73, 83
Wandertag 131
Ziele
– d. RU 42
Zusammenfassung 115

14. Bildnachweis

S. 9:   Eine ›gebrauchte‹ Karikatur, in: T. Eggers, Religionspädagogik studieren. Materialien zur Einführung, München 1980, 123

S.15 f.: Gregor Müller, St. Gallen, in: unterwegs 1989, Nr. 2, 7; 10; 12

S.20:   in: Löwensteiner Cartoon-Service für kirchliche Bildungsarbeit 1986/IV, 15

S.34:   in: Löwensteiner Cartoon-Service für kirchliche Bildungsarbeit 1986/III, 19

S.45:   in: Lupe 5, Dezember 1985, 10

S.57:   in: B. Jendorff, Religion unterrichten – aber wie? Vorschläge für die Praxis, München ²1993, 85

S.65:   in: H. K. Berg, Lernziel: Schülerinteresse. Zur Praxis der Motivation im Religionsunterricht, Stuttgart und München 1977, 9

S.69:   Aus: Kurt Halbritter, Die freiheitlich rechtliche Grundordnung. © 1985 Carl Hanser Verlag, München Wien

S.70:   links: Foto: Hartmut Schmidt, Freiburg
        rechts: © Brigitte Kraemer, Herne

S.78:   Gregor Müller, St. Gallen, in: unterwegs 1989, Nr.2, 3

S.89:   Eine ›gebrauchte‹ Cork-Karikatur, in: H.K. Berg (Hg.), Karikaturen für das 7.-10. Schuljahr (= LBS, Bd. 8) Stuttgart und München 1978, 33

S.99:   Gregor Müller, St. Gallen, in: unterwegs 1989, Nr.2, 14

S.120: Gregor Müller, St. Gallen, in: unterwegs 1992, Nr. 3, 9

S.125: Gregor Müller, St. Gallen, in: unterwegs 1989, Nr. 2, 5

Bernhard Jendorff
Religion unterrichten – aber wie?
Vorschläge für die Praxis
271 Seiten. Kartoniert

Nur noch wenig SchülerInnen leben bewußt aus christlichen bzw. kirchlichen Traditionen. Religionsunterricht muß daher elementar ansetzen, fast voraussetzungslos und offen für junge Menschen sein. Dieser Herausforderung stellt sich Bernhard Jendorff und zeigt eine Palette neuer Methoden auf, die den Religionsunterricht lebendig und lebensnah gestalten.

Mit vielen Beispielen aus dem Schulalltag werden wesentliche Aspekte des Religionsunterrichts realistisch und gut nachvollziehbar erläutert. Konkrete Tips, z. B. zur Erhebung der Schülersituation, zur Unterrichtsorganisation, zur Motivierung, zur Ergebnissicherung und zur Lernerfolgskontrolle, werden dazu beitragen, daß Religionsunterricht methodisch und inhaltlich abwechslungsreich erfahren wird. Dieses Buch ist eine Hilfe für die religionspädagogische Ausbildung und den beruflichen Alltag katholischer und evangelischer ReligionslehrerInnen.

**Ein Buch für alle, die dem Fach Religion
eine Chance geben!**

KÖSEL

Sigrid Berg
Kreative Bibelarbeit in Gruppen
16 Vorschläge
Koproduktion mit Calwer
157 Seiten. 6 Dias. Kartoniert

Praktische Impulse für eine zeitgemäße Bibelarbeit: Anhand von 16 Praxisbeispielen aus Altem und Neuen Testament werden konkret und praxisnah die Vorgehensweisen kreativer Bibelarbeit vorgestellt. LeiterInnen von Bibelkreisen und Seminaren, von Freizeiten und Wochenenden, von Bibelwochen und -abenden etc. erhalten klar und durchstrukturierte Hilfen, methodische Anregungen, direkt einsetzbare Arbeitsblätter und Bilder (Dias) und knappe exegetische Informationen.

Bernhard Müller
Menschlich – Allzumenschlich
Karikaturen für Religionsunterricht und Ethik
Koproduktion mit Calwer
160 Seiten. Zahlr. Abb. Kartoniert

Ein Arbeitsbuch aus der Praxis – für die Praxis: Bernhard Müller, erfahrener Religionslehrer, hat aktuelle und unverbrauchte Karikaturen zu den Themen »Was ist der Mensch?« und »Wie handelt er?« für die Praxis des Unterrichts und der Gemeindearbeit aufbereitet. Die Karikaturen sind großformatig wiedergegeben. Ihnen zugeordnet sind kurze Bildbeschreibungen, Ansätze zur Interpretation, Hinweise zur Didaktik und Methodik sowie Erfahrungen im Umgang mit den Bildern.